TIERKINDER
der Wildnis

Idee und Fotos von Thorsten Milse
Text Uta Henschel

BUCHER

Inhalt

Vorwort

Kennen Sie Annie Leibowitz? Nein? Macht nichts. Sie ist nicht nur die berühmteste Fotografin der Welt, sie ist auch die einflussreichste. Wenn sie einfliegt, machen die Berühmten dieser Erde ausnahmslos alles, was sie für andere Fotografen nicht machen würden.

Kennen Sie Knut? Dumme Frage. Selbstverständlich kennen Sie den kleinen knuddeligen Eisbären aus dem Berliner Zoo. Er ist mittlerweile auf allen Kontinenten ein Star. Und das wiederum liegt an Annie Leibowitz. Sie hat ihn in Berlin für ein amerikanisches Magazin fotografiert. Und nun schmückt er dessen Titelbild und himmelt Leonardo de Caprio an. Und süß sieht er aus – der kleine Knut.

Von seinem internationalen Ruhm weiß das Eisbärenkind nichts. Es lebt weiter im Berliner Zoo, während seine Fotos um die um die Welt gehen. Denn nicht nur Annie Leibowitz hat Knut abgelichtet, sondern unzählige Zeitungen und Fernsehsendungen haben sein Bild verbreitet. Inzwischen ist Knut ein eingetragenes Markenzeichen geworden und gibt dem Klimaschutz-Gedanken ein Gesicht. Ein Gesicht, das so sympathisch ist, dass Knut es vielleicht schaffen könnte, endlich auch jene zu erhitzen, die die Erderwärmung bislang völlig kalt gelassen hat.

So viel Macht haben Tierkinder, wenn Bilder ihnen diese Macht verleihen und an unsere Beschützerinstinkte appellieren.

Wie dieser Fotoband zeigt, hat die Natur außer knuddeligen Knuts noch viele niedliche Tierkinder zu bieten, deren Anblick uns zu Herzen geht, deren Schicksal unser Mitgefühl weckt. Wie in einer Wildlife-Soap-Opera sehen wir ihrer Entwicklung ergriffen zu, bangen wir um ihr Überleben, wünschen wir, dass sie durchkommen, verfolgen wir gebannt, wie hilflos-tollpatschige Tierbabys, von ihren Eltern behütet, heranwachsen.

Wir erleben das nicht live wie der Fotograf Thorsten Milse. Wir sind nicht den polaren Kältegraden und beißenden Winden ausgesetzt, nicht der tropischen Schwüle, nicht der Dürre und Weißglut der Sonne. Anders als Milse hören wir nicht das Geschrei, riechen wir nicht den Gestank, sehen wir kein Blut, keine Leichen. Milses Bilder ersparen uns die Brutalität, mit der die Wildnis aufräumt unter den Jüngsten und Schwächsten. So können wir uns beim Betrachten seiner Bilder ganz dem Charme einer wilden, aber behüteten Kindheit hingeben. Wir können staunen, wie Eltern sich aufopfern, und wie sie sich einsetzen, um ihre Kleinen durchzubringen. Den vielen Gefahren zum Trotz.

Thorsten Milses Begeisterung für wilde Tiere, sein Talent, den richtigen Augenblick abzuwarten und zu erkennen, sein Blick für die Zähigkeit und Zärtlichkeit des animalischen Alltags knüpft ein Band zwischen uns, den Betrachtern in unserer urbanen, technisch kontrollierten Welt, und den tierischen Populationen in der Welt der Wildnis.

Milses Tierkinder sind, ähnlich wie Knut, Botschafter der Natur. Sie wenden sich an unser Gefühl. Und vielleicht schaffen sie es sogar, uns Menschen zu rühren und eine Fürsorge in uns zu wecken, die nicht nur den abgebildeten Tierkindern gilt, sondern auch den Originalen in der realen Wildnis.

Ruth Eichhorn
Foto-Direktorin GEO

Einleitung

Kinder zu bekommen gehört zum Natürlichsten der Welt. Doch das Erstaunliche: Für die Betreuung der Kleinen gibt es kein Patentrezept. Beim Menschen so wenig wie bei den etwa 30 Millionen Tierarten auf unserem Planeten. Kein Wunder, wenn die Mehrzahl animalischer Eltern sich um die Brut nicht schert. Was sie an Fürsorge fehlen lassen, machen sie wett durch die Menge ihrer Nachkommen. Ein paar der Kleinen werden es schon schaffen, könnte die Rechtfertigung der Erzeuger lauten. Und so ist es tatsächlich. Vom numerischen Ergebnis her betrachtet, ist gegen diese sorglose Art der Fortpflanzung wenig einzuwenden.

Dennoch hat die Evolution weiter am Thema Aufzucht gearbeitet und nach mehreren 100 Millionen Jahren einige Tiergruppen hervorgebracht, die in ihre Babys weit mehr investieren als Eier und Sperma.

Viele Vogel- und Säugetiereltern treiben enormen Aufwand mit ihren Zöglingen. Sie bauen Nester, graben Höhlen, wandern um die halbe Welt, um den Babys den besten Brutplatz zu bieten. Sie füttern, schützen, wärmen, säubern ihren Nachwuchs, kuscheln mit ihm, kämpfen für ihn. Und oft genug geben sie ihm noch eine erstklassige Ausbildung mit auf den Weg.

Manche Tiere betreuen ihre Kleinen wochenlang. Andere opfern Monate und Jahre ihres Lebens. Zwischen solchen Eltern und den Nachkommen wächst eine enge, tiefe Verbindung. Inmitten der gefahrvollen Wildnis wird so eine soziale Nische begründet, eine Geborgenheits-Enklave. In deren Schutz gedeihen die Kinder, werden stark und schließlich fähig, mit den Risiken ihrer Umwelt allein fertig zu werden.

So sind für das Problem Aufzucht unzählige biologische Möglichkeiten entstanden, es in der Kinderbetreuung richtig zu machen. Dieses Buch blickt in die Kinderstuben von sechs Tierarten und erzählt, was animalische Mütter auf sich nehmen – gelegentlich mit Hilfe der Väter und des Familienclans –, damit ihre Kleinen behütet aufwachsen. Bilder und Texte handeln von sechs grandiosen Beispielen tierischer Fürsorge. Es sind Muster einer unüberschaubaren Vielfalt, wunderbare Anfänge von faszinierenden Lebensgeschichten, deren Ausgang offen bleibt.

Jede Tierkindheit ist anders. Jede folgt einer eigenen Dramaturgie, antwortet auf spezielle Bedürfnisse. Jede ist ein Erfolgsmodell, hat eine Testphase von geologischer Dauer absolviert. Immer wieder hat die Natur aussortiert, was sich nicht bewährt, und neue Tricks und Varianten aus dem Ärmel geschüttelt. Bis schließlich vollendet war, was hier und heute zu besichtigen ist: die fortschrittlichste, solideste, einfühlsamste Kinderbetreuung in der Geschichte unserer Erde. Ein Anlass für stehenden Applaus, wenn es je einen gab.

Auf den folgenden Seiten können Leser zuschauen, wie abhängige Tierbabys zu kompetenten Erwachsenen ausgebildet werden. Wie Eltern nicht nur ihr Erbmaterial, nicht nur Instinkte weitergeben, sondern auch ihre persönlichen Erfahrungen, ihre Jagdtechniken, ihre Vorliebe für bestimmte Nahrungsquellen, ihre Wachsamkeit und ihre Zuverlässigkeit im Verband der Artgenossen.

Als Augenzeugen können Leser erleben, wie unwiderstehlich niedlich die Evolution moderne Tierbabys aussehen lässt; wie blanke, nach vorn gerichtete Augen, runde Köpfe, kurze Ohren und Schnäuzchen, weiche Gliedmaßen, tollpatschige Bewegungen auf unser Gefühl wirken; wie die verletzlich, harmlos und schutzbedürftig aussehenden Kleinen an unser Bedürfnis appellieren, sie zu bemuttern.

Weshalb auch nicht?

Wir sind die jüngste Spezies in einer alten Entwicklungsreihe, die angelegt ist auf liebevolle Zuwendung, auf Zärtlichkeit, auf Mitgefühl. Als menschliche Co-Säugetiere, Angehörige derselben Klasse, reagieren wir auf ähnliche optische Signale wie Tiermütter, die dem Charme des Kindchenschemas erliegen und nicht anders können, als sich für das Wohl ihrer Kleinen abzumühen.

Indische Tiger

Training im Leisetreten

Da ist es wieder, das Geräusch, das sie neulich so beeindruckt hat. Wie ein Stromschlag durchzuckt die Erinnerung ihren Leib. Ihre Muskeln spannen sich, sie reißt den Kopf in die Höhe, richtet die Ohren nach vorn und starrt einen Moment lang angestrengt auf die große Lichtung.

Erst vor einer Stunde hat die junge Tigerin den Wald von Bandhavgarh verlassen, über dessen lichtes Kronendach der Mond dahinsegelt und den Boden mit silberner Helligkeit tüpfelt. Von Schatten zu Schatten ist die Katze geschlichen bis zu dem Bambusdickicht am Rand der großen Wiese. Dort ist sie niedergesunken und eins geworden mit der tiefen Dunkelheit am Fuß der Stangen. Dann hat sie gewartet. Geduldig und bewegungslos, wie es ihr die Mutter beigebracht hat während des zurückliegenden Jahres. Eine lange Lehrzeit.

Wie schwer ist es ihr oft gefallen, das zu tun, was von ihr erwartet wurde. Besonders seit sie knapp zwölf Monate alt war und die Mutter auf die Jagd begleiten durfte. Anfangs verstand sie nicht, weshalb sie beim Anschleichen nicht mit ihren beiden Brüdern spielen durfte. An der Kehle packen, von hinten anfallen, mit erhobenen Vorderpranken drohen – was die Mutter in den entspannten Stunden unter den harzduftenden Salbäumen so gern sah und wobei sie gelegentlich sogar mitmachte – nichts von dem schien recht, sobald der Unterricht im Beutemachen begonnen hatte. Ebenso unbeliebt machte sich die junge Tigerin, wenn sie versuchte, die so verlockend vor ihrer Nase schwingende Schwanzspitze der Mutter zu erbeuten. Oder einen Falter aus Luft zu holen. Selbst wenn es furchtbar langweilig war und ihr das Fell juckte vor Bewegungslust, musste sie ruhig bleiben und lauern, es der großen Lehrerin gleichtun. Wenn dann rein gar nichts passierte, sank den drei Lehrlingen der Kopf auf die Vorderpranken. Die Augen fielen ihnen zu. Sie schliefen ein.

Aber auch ihr Eifer stand dem Trio lange im Weg. Immer wieder kam es vor, dass bei einem tollpatschigen Schritt das Laub unter einer Pranke knisterte; oder dass ein Busch verräterisch

zitterte, weil die jungen Tiger die eigenen Körpermaße falsch eingeschätzt hatten. Und schon war die Tarnung aufgeflogen. Bei Gelegenheiten wie diesen traf sie ein ernster mütterlicher Blick. Weit schlimmer aber war, dass die Mahlzeit auf flinken Hufen davonsprang.

Nach solchen Missgeschicken blieb ihnen nichts übrig, als auf der Suche nach Beute kilometerweit zu laufen und mit knurrendem Magen auf die nächste Chance zu hoffen. Das waren Lektionen, die sich einprägten. Von Mal zu Mal begriff die junge Tigerin besser, dass Beutemachen kein Zeitvertreib ist, sondern lebensnotwendig. Wollte sie nicht verhungern, musste sie lernen, ein tüchtiges Raubtier zu werden.

Fortan nahm sie sich zusammen, dämpfte den kindlichen Übermut, passte auf und folgte der Mutter wie ein Schatten. Trotzdem: auch die erfahrene Lehrerin hatte nur bei jedem achten Versuch Erfolg, auch ihr passierten Pannen. Etwa wenn einer der argwöhnischen Sambar-Hirsche die versteckte Tigerfamilie ausspähte. Obwohl er gar nicht als Beute vorgesehen war: Sein weit hallendes DONK! und noch mal DONK! machte dem ganzen Dschungel bekannt, dass Gefahr drohte. Dann hielt das Leben im Dschungel plötzlich den Atem an.

Sosehr die junge Tigerin sich anstrengte, alles richtig zu machen, am meisten lernte sie aus Fehlschlägen. Zwanzig Mal, ja dreißig Mal entkam die Beute im letzten Augenblick, ehe es der Katze gelang, mal eine Ente, einen Hasen, ein leichtsinniges Streifenhörnchen, einen Affen zu erwischen.

Doch nach und nach schaffte sie es, ihre Bewegungen richtig zu koordinieren, lautlos zu schleichen und ihr Jagdfieber so lange zu zügeln, bis sie in Sprungweite an die Beute herangeschlichen war. Noch im allerletzten Moment kam es darauf an, mit den Augen genau Maß zu nehmen. Dazu reckte sie den Kopf ganz behutsam nach vorn und zog ihn wieder an den Körper, um präzise zu fokussieren. Dann erst, wenn alle Kräfte gebündelt, alle Möglichkeiten einkalkuliert waren, stieß sie sich mit den Hinterpfoten vom Boden ab, streckte die Beine, warf sich mit einem einzigen, acht Meter weiten Satz nach vorn und grub ihre Krallen ins weiche Fell des Opfers.

Ein paar Mal versuchte sie, ein flüchtendes Huftier einzuholen. Aber schon nach 500 Metern warf sie sich ins Gras und rang nach Luft. Jetzt begriff sie, weshalb ihr die Mutter bei der Verfolgung niemals Gesellschaft leistete, sondern sofort aufgab: Gazellen und Hirsche laufen viel schneller als große schwere Katzen und halten viel länger durch. Als knapp zweijähriges Mitglied der Spezies *Panthera tigris* begriff nun auch sie das Jahrmillionen alte Erfolgsrezept der Tiger – Anschleichen, Springen, Zupacken – und richtete sich danach.

Bis in jener Nacht vor wenigen Wochen, als ihr die Mutter plötzlich eine verblüffend andere Taktik vorführte. Anlass dazu war dieses Geräusch gewesen, dieses seltsame Klicken, das aus dem Stimmengewirr des nächtlichen Dschungels herauszuhören war. Damals fiel es ihr zum ersten Mal auf. Und während sie noch die Ohren spitzte, erlebte sie staunend, welche Wirkung die Töne auf ihre Mutter hatten. Alle Schleicherei schlug die Jägerin in den Wind, ließ ihre Tarnung Tarnung sein und preschte mit der Wucht des Wintermonsuns durch die Vegetation.

So wie sie selbst es jetzt macht. Die Bambusrohre schnellen beiseite, Buschwerk peitscht ihr um die Ohren, Dornen kämmen ihr Fell, sie merkt es kaum. Jetzt kommt es darauf an, blitzschnell zur Stelle zu sein und zwei Axishirsche zu überrumpeln, die in der Lichtung mit den Geweihen aufeinander eindreschen. Über dem Feuer ihrer Rivalität haben die Böcke alles um sich her vergessen. Sie merken nicht, wie ihre Herde flieht. Sie hören nicht die Warnrufe einer Gruppe von Artgenossen am Waldrand. Sie erkennen nicht, was im gefleckten Mondlicht auf sie zukommt. Eine Sekunde zu spät versuchen die Kontrahenten, sich zu trennen. Aber ihre Geweihenden sind ineinander verhakt.

Aus vollem Lauf wirft sich die Tigerin auf beide Böcke und schleudert sie zu Boden. Grasfetzen fliegen, Staubfontänen leuchten auf. Ein Bock springt blitzschnell auf die Beine und hastet davon, seine Hufe schlagen einen Trommelwirbel der Panik ins trockene Gras. Der andere liegt begraben unter 150 Kilo Kraft. Seine Läufe versuchen auszuschlagen, schaffen aber nur ein schwaches Zucken. Den Kopf des Hirschs hat die Tigerin mit beiden Pranken zu sich nach hinten verdreht, ihr weit aufgerissener Rachen umgreift die entblößte Kehle und drückt zu.

Bald ist der letzte Widerstand erloschen, der letzte Atemzug verhaucht. Vorsichtig lockert die Jägerin ihren Biss und hebt den Kopf. Ihr Maul trieft vom Blut. Keuchend vor Anstrengung und mit hängender Zunge bleibt sie eine Weile liegen.

Als sie sich erholt hat, packt sie den toten Hirsch bei einem Lauf und schleppt den 80 Kilo schweren Kadaver, rückwärts gehend, etwa 200 Meter weit zu ihrem Platz neben dem Bambus. Obgleich sie sehr hungrig ist, wird sie bei einem einzigen Mahl kaum mehr als 15 Kilo hinunterschlingen. Der Rest ist im Dickicht gut verborgen.

Im Dunkeln tastet sie mit den Barthaaren nach dem Strich des Fells, um die Hinterkeule zu finden, den fleischigsten Teil ihrer Beute. Damit fängt sie an. Sie kann sich Zeit lassen, denn mittlerweile muss sie das Mahl mit niemandem teilen. Was sie erbeutet, gehört ihr allein.

Als die Mutter noch das Futter herbeischaffte, stürzten sich die beiden Brüder immer als Erste auf den Kadaver. Sie waren schneller gewachsen, auch stärker als die Schwester, und versuchten die Konkurrenz durch Knurren und Fauchen einzuschüchtern.

Tigerinnen lassen ihrem Nachwuchs fast alles durchgehen.
Beim Streit um den besten Platz an der von ihr erlegten Beute dürfen die kecken Jungen sogar die Mutter anfauchen.
Sie knurrt nur kurz eine Antwort und zieht sich zurück, bis die Kinder satt sind.

Beim Fressen legen junge Tiger besitzergreifend die Tatze auf das von der Mutter gerissene Opfer.
Mit vier Monaten ist so ein Tigerbaby noch viel zu klein, um selbst zu jagen.
Ohne die Vorarbeit der Mutter, die das Fell des Sambarhirschs mit ihrem Raubtiergebiss aufreißt,
käme der Nachwuchs gar nicht an das Fleisch heran.

Jeder wollte das Riesenstück für sich allein haben. Aber die halbwüchsige Tigerin wich nicht von ihrem Platz und bleckte drohend die Zähne. Sie wusste: Es war alles nur Angeberei. So gierig die drei an der Beute zerrten: Ihr Gebiss war selbst mit einem Jahr noch zu schwach, dem Opfer mehr als ein paar Kratzer beizubringen. Sie wären neben dem frischen Fleisch verhungert, hätte die Mutter nicht einen Teil des Kadavers für sie gehäutet.

Erst jetzt, mit 18 Monaten, ist das Gebiss der jungen Tigerin vollständig, ein Arsenal tödlicher Waffen: Am eindrucksvollsten sind die leicht gebogenen, sieben Zentimeter langen Eckzähne, das Abzeichen aller großen Raubkatzen. Sie sind scharf wie Dolche und haben vor ein paar Minuten die Luftröhre und eine Halsschlagader des Axishirschs aufgeschlitzt. Er ist verblutet, während er erstickt wurde.

Vereint mit dem Tonnendruck der Kiefermuskeln können diese vier Knochenzapfen aber auch die Halswirbel einer kleineren Gazelle auseinanderhebeln und ihr mit einem einzigen Biss das Genick brechen, wenn die Tigerin von oben angreift. Was sie aber ungern tut. Denn die Beute soll zu Boden stürzen, den Halt verlieren. Die flinken Läufe sollen hilflos in der Luft zappeln.

Beim Fressen setzt die junge Tigerin vor allem ihre acht Reißzähne ein, je vier auf jeder Seite, zwei oben, zwei unten. Ihre Form gleicht massiven Schabemessern, mit denen Fleischportionen abgehackt werden – wie von zwei kleinen Guillotinen. Dabei legt die Tigerin ihren Kopf auf die Seite, um einen Brocken nach dem anderen abzutrennen und im Ganzen hinunterzuschlingen. Aufs Kauen verzichtet sie gewöhnlich. Zum Schluss leckt sie mit der Zunge, deren Oberfläche mit scharfen Raspeln überzogen ist, die Fleischreste von den Knochen.

Schließlich ist sie satt – und durstig. Mit der selbstbewussten Arroganz der Jägerin schlendert sie hinüber zum Wasserloch. Die Wächterin der Axishirsche warnt, und

Kein anderes Tier kann es sich leisten, am helllichten Tage so entspannt dazuliegen, den verletzlichen Bauch nach oben gekehrt.
Eine Mutter und ihre 15 Monate alte Tochter geben sich ganz ihrer zärtlichen Stimmung hin.
Ein Leben ohne Furcht kennen nur Bandhavgarhs Tiger, die Könige im Park.

die aufgeschreckte Gruppe am Waldsaum rückt sofort eng zusammen. Kein einzelnes Tier ist mehr zu unterscheiden, auch die Kitze sind im Gedränge unsichtbar. Sie jetzt jagen zu wollen, wäre aussichtslos. Das weiß die junge Tigerin aus Erfahrung. Auf einen Versuch würde sie sich heute nicht mehr einlassen. Weil sie mittlerweile viel gelernt hat über die anderen Tiere im Dschungel, über deren Tagesabläufe, Gewohnheiten, Verstecke und Pfade, spart die junge Räuberin sich unnötige Anstrengungen. Sie geht auf die Jagd beinahe wie zu einer Verabredung. Und so wichtig ihre physische Kraft ist beim finalen Geschäft – es klappt nur, wenn vorher alles gründlich geplant, im Kopf sorgfältig durchgespielt wird. Denn die Tierarten, auf die Tiger es abgesehen haben, sind stets auf der Hut, achten auf die feinste Veränderung. Gewöhnlich sind sie in Herden unterwegs, haben viele Augen, viele Ohren, viele Nasen und ein Gespür für Gefahr. Ihr Misstrauen erhält sie am Leben. Die Jägerin dagegen ist allein. Ihre List wetteifert mit der von vielen. Ihre Taktik kalkuliert stets die möglichen Fluchtwege ihrer Opfer im Voraus mit ein.

Jagdglück durch Zufall gibt es nicht. Oder fast nicht. Der erste männliche Sambarhirsch, ein strammer Bursche von 300 Kilo, den die junge Tigerin ein paar Tage zuvor zur Strecke gebracht hat, ist ihr praktisch in den Rachen gelaufen. Zuerst trompetete er, wie üblich, sein DONK! DONK! und gab ihren Hinterhalt bekannt. Dann jedoch stellte er seine Halskrause auf, reckte den kurzen Schweif in die Höhe, trampelte mit den Hufen und stolzierte mit steifen Beinen auf das Gebüsch zu, in dem sich die Katze zum Angriff duckte. Es gehört zu den merkwürdigen Gewohnheiten der großen Sambarhirsch-Böcke, dass sie sich gern vergewissern, ob ihr Verdacht berechtigt ist, ob sich dort, wo sie vermuten, tatsächlich ein Feind versteckt. Nun, einen Moment bevor er starb, fand dieser Hirsch heraus, dass er Recht gehabt hatte.

Als die junge Tigerin ins Wasser watet und in tiefen Zügen trinkt, stehen die Axishirsche noch immer starr, die Hälse gereckt. Alle Blicke folgen der Raubkatze, der Erzfeindin. Aber allmählich erkennen die Huftiere, dass für diesmal keine Gefahr droht. Die Anspannung sickert aus ihren Körpern. Einige senken die Köpfe und beginnen zu weiden. Andere trippeln noch eine Weile nervös auf der Stelle.

Ihre Mutter sieht die junge Tigerin immer seltener, in letzter Zeit einmal in der Woche. Dann gibt es eine gefühlvolle Katzenbegrüßung mit Geschleck und Köpfchengeben und Umeinanderstreichen. Später verbringen beide ein paar Stunden gemeinsam auf den Felsen und verdösen, eng aneinander geschmiegt, die heißesten Stunden des Tages. Aber die Harmonie wird bald vorbei sein, wenn die nächsten kleinen Geschwister zur Welt kommen. Schon jetzt gehen sich die beiden meistens aus dem Weg.

Die zwei Brüder, ausgelassene Draufgänger, wie es sich für männliche Tiger gehört, haben die Jugendzeit nicht überlebt. Einer ist beim Sprung nach einem Langur aus dem Baum auf die Felsen gefallen und hat sich die Hüfte verstaucht. Er konnte die Familie fortan bei der Jagd nicht begleiten, magerte ab und wurde von einem Python gefressen. Der andere hat sich beim Angriff auf einen Sambarhirsch mehrere Huftritte eingefangen, die seinen Kiefer zerschmetterten. Daran ist er schließlich gestorben.

Die behütete Kindheit, das Training für ein Leben als Beutegreifer geht nun für die junge Tigerin zu Ende. Sie ist so gut wie erwachsen. In der Regel müssen Tigerkinder Abschied nehmen von ihrer Heimat, in der sie alles kennen, den Wald, die Bambusdickichte, die Wasserlöcher, den Bach, die Lichtung und die Wechsel der Huftiere, die Verstecke. Selbständig werden heißt: sich ein eigenes Wohn- und Jagdgebiet suchen – oder womöglich im Streit mit einer anderen Artgenossin erobern.

Aber es scheint, als dürfte die junge Tigerin bleiben. Als würde sie von dem 20 Quadratkilometer großen Territorium der Mutter einen Teil erben. Und die Nachbarin auf der anderen Seite der Grenze hat ihre Ansprüche schon lange nicht mehr durch Kratzspuren und Urin markiert. Wenn alles so bleibt, ist der jungen Beutegreiferin ein Dschungel-Grundstück in bester Lage zugefallen. Ein Weg zum Wasserloch gehört dazu und das Terrain zu beiden Seiten davon. Wer sich hier in die Mulden duckt und warten gelernt hat, braucht im wildreichen Bandhavgarh niemals zu hungern. ■

Jeder Tiger ist anders gezeichnet. Die meisten haben breite dunkle Streifen und solche, die an den Enden miteinander verschmelzen. Vermutlich ist das Flammenmuster aus Rosetten entstanden, die im Verlauf der Evolution immer weiter gedehnt worden sind. Das würde die Lücken in der Mitte vieler Streifen erklären.

Eine junge Tigerin vertraut darauf, dass ihre Fellzeichnung sie im hohen Gras verbirgt. Es ist später Nachmittag, und die Katze geht mit 20 Monaten schon selbständig auf die Jagd. Frühzeitig legt sie sich in der Nähe eines Wasserlochs auf die Lauer. Sobald die Dämmerung hereinbricht, müssen viele Huftiere an ihr vorüberziehen, um zu trinken.

Die heißesten Stunden des Tages verbringen die Tiger von Bandhavgarh am liebsten in einem Tümpel.
Im Gegensatz zu den meisten anderen Großkatzen sind Tiger nicht wasserscheu.
Das vier Monate alte Junge hat kurz zuvor gefressen und nimmt nun ein reinigendes Bad.

Wie heller Bernstein schimmern die Augen dieses selbstbewussten jungen Tigers. Die Sehfähigkeit der nachtaktiven Jäger ist selbst bei tiefer Dämmerung ausgezeichnet. Das liegt an einer reflektierenden Schicht im hinteren Auge. Sie lenkt das Licht ein zweites Mal zu den Sehzellen und reizt sie erneut mit optischen Informationen. So entgeht den sensiblen Katzenaugen auch bei Dunkelheit nur wenig.

Indische Tiger – auf einen Blick

Ihr Platz im Tierreich

- Sie gehören zum Stamm der Wirbeltiere
- zur Klasse der Säugetiere
- zur Ordnung der Beutegreifer
- zur Familie der Katzen

Ihr wissenschaftlicher Artname

Panthera tigris tigris

Mit wem sie verwandt sind

Vor vier bis sechs Millionen Jahren entwickelte sich aus den Altweltkatzen die Pantherlinie. Nebelparder waren die ersten, dann folgten der Schneeleopard und vor zwei Millionen Jahren dann die anderen großen Katzen. Darunter waren auch die Tiger.

Wo sie zu Hause sind (Individuenzahl)

Fünf heute lebende Unterarten sind in unterschiedlichsten Lebensräumen heimisch geworden. Tiger brauchen Territorien mit dichtem Wildbestand und mit Wasser. Etwa 5000 Individuen leben im fernen Osten Russlands, in Nordkorea, China, Sumatra, Thailand, Malaysia, Laos, Kambodscha, Vietnam.
Eine dieser Unterarten, der Indische Tiger (3000 – 4000), früher Bengalischer Tiger genannt, lebt in Indien, Bangladesh, Nepal, Bhutan und Myanmar.

Der vermessene Tiger

- Tiger sind die **größten lebenden Katzen** der Erde.
- Unter allen Tigern sind die Indischen die **zweitgrößten** nach den Sibirischen.
- Tigerinnen erreichen eine **Körperlänge** von 270 Zentimetern, Tiger werden bis zu 320 Zentimeter lang.
- Das **Gewicht** eines männlichen Tigers beträgt etwa 280 Kilo, das einer Tigerin 180 Kilo.
- Bei einer **Mahlzeit** können Tiger bis zu 30 Kilo Fleisch verschlingen.
- Auf kurzen Strecken erreichen Tiger ein **Tempo** von 60 Kilometern pro Stunde.
- Ihre **Sprungkraft** ist beachtlich, in der Höhe kommen sie auf fünf Meter, in der Weite auf zehn.
- Tigerinnen werden mit drei Jahren **geschlechtsreif**, Tiger erst mit vier Jahren.
- Tiger beanspruchen **Wohngebiete** von bis zu 100 Quadratkilometern, die mehrere, etwa 20 Quadratkilometer große weibliche Reviere umfassen.
- Die **Tragezeit** für den Nachwuchs beträgt durchschnittlich 103 Tage.
- Tiger haben eine **Lebenserwartung** von etwa 20 Jahren.

Wie sie aussehen

Am auffälligsten ist das, was Tiger in der Wildnis so unauffällig macht: ihre Zeichnung. Indische Tiger sind besonders kontrastreich geflammt mit dunklen, kräftigen Streifen auf orangefarbenem Grund und scharf umrissenen weißen Fellpartien. Im Gras sind Tiger besonders gut getarnt, die schwarzen Streifen sehen aus wie Schatten von Halmen. Ihre Barthaare, die sogenannten Vibrissen, sind hoch sensibel. Mit ihnen orientieren sich Tiger im Dunkeln, wenn sie sich in der dichten Vegetation anschleichen.

Wie sie sich ernähren

Tiger sind ausgezeichnete Jäger, aber nur etwa bei jedem zehnten Mal erfolgreich. Sie fressen, was sie fangen können – Huftiere, junge Elefanten, Wasservögel. Sie erlegen auch Tiere, die größer und schwerer sind als sie selbst – durch die Wucht ihres Angriffs. Und weil sie ahnungslose Opfer aus dem Hinterhalt niederreißen. Sie töten ihre Beute mit einem Biss in den Nacken oder in die Kehle.

Ihre Lebensgewohnheiten

Bis zu 20 Stunden verbringen Tiger mit Nichtstun. Sie ruhen im Schatten oder in flachen Tümpeln, um sich abzukühlen. Erwachsene Tiger sind Einzelgänger und dulden in ihrem Wohngebiet keine Artgenossen. Tigerinnen leben meist zusammen mit ihren Jungen. Kämpfe um Territorien sind häufig und heftig. Tiger machen in ihrem Wohngebiet regelmäßig die Runde, um festzustellen, ob die Tigerinnen, die darin ihre kleineren Reviere haben, eventuell in Hitze sind. Ist eine paarungsbereit, verbringt der Tiger mehrere Tage damit, sie immer wieder zu decken. Erst der wiederholte Reiz der Kopulation löst einen Eisprung aus. In einem Versteck, manchmal in einer Höhle, bringen Tigerinnen nach etwa 103 Tagen zwei bis vier Junge zur Welt.

Wie sie ihren Nachwuchs aufziehen

Tigerväter schützen das Territorium, auf dem ihr Nachwuchs groß wird und halten fremde Männer fern, die den Kleinen gefährlich werden können. Gelegentlich machen sie einen Besuch bei der Familie. Pflege und Training der Jungen übernimmt allein die Mutter. Die Kleinen werden gesäugt, bis sie sechs Monate alt sind. Aber schon ab dem zweiten Monat steht Fleisch auf der Speisekarte. Jagen lernen junge Tiger beim gemeinsamen Spiel und indem sie der Mutter bei der Arbeit zuschauen. Beinahe zwei Jahre lang gehen sie bei der Tigerin in die Lehre. Dann müssen sie selbständig Beute machen und sich ein eigenes Territorium suchen.

Woher Gefahr droht

Nur 25 Prozent aller Jungtiger überleben das erste Jahr. Sie werden von Artgenossen getötet und von Schakalen, Wildhunden und Pythons erbeutet. Tiger sind stark gefährdet durch illegalen Handel.

Das Bandhavgarh Tiger Reserve ist voller Wasserlöcher, Tümpel, Teiche und Bachläufe.
Das macht ihn für Tiger so attraktiv. Während der Sommermonate brauchen die großen Katzen eine kühlende Oase.
Die topografische Lage der Erfrischungen gehört zum ABC, das die Jungtiger von ihren Müttern lernen.

Satt gefressen schleppt das vier Monate alte Tigerbaby seinen schweren Bauch in den Schatten. Tiger verbringen gut 20 Stunden täglich mit Nichtstun. Am liebsten liegen sie auf einem etwas erhöhten Platz, etwa auf einer Gruppe von Felsen, an denen von Zeit zu Zeit eine Brise vorüberstreicht.

Mit triefendem Fell überquert das drei Monate alte Tigerbaby einen Sandweg im Bandhavgarh Tiger Reserve. Unter der Aufsicht seiner Mutter ist es im Wasser gewesen und folgt ihr nun zurück in eine der höher gelegenen Höhlen des Parks, die zum Wohngebiet jeder Tigerin gehören. Dort verstecken Mütter ihre Jungen, während sie selber auf die Jagd gehen.

Eben noch haben eine Tigermutter und ihr 17 Monate altes Junges ausgelassen im Wasser herumgetollt.
Jetzt streichen die beiden sich um den Bart und schmusen zärtlich.
Tigerkinder gehen lange bei ihren Müttern in die Beutegreifer-Schule, ehe sie für sich allein sorgen können.

Kaiserpinguine

Die Kuschelkolonie

Wie abgeschossen von einer Unterwasser-Startrampe durchstoßen mehrere Dutzend Kaiserpinguine die aufgewühlte Meeresoberfläche. Am Ende einer flachen Flugbahn landen sie mit beiden Füßen auf dem Eis. Eine akrobatische Nummer am Ende der Welt. Nur einen Moment nehmen die Vögel sich Zeit, das Gleichgewicht zu finden und ihr Gefieder aufzuschütteln. Dann marschieren sie los.

Rührend ungeschickt sieht es aus, wie die mehr als meterhohen Gestalten bei jedem Schritt hin- und herschwanken. Als könnten sie jeden Augenblick ganz unkaiserlich umfallen. Tatsächlich verbrauchen Kaiserpinguine Pfund für Pfund doppelt so viel Energie beim Gehen wie irgendein anderes gleichgroßes Tier. Das liegt an ihren kurzen Beinchen. Deren Muskeln müssen auf Hochtouren arbeiten, um die beträchtliche Last von 30 bis 40 Kilo vorwärts zu tragen. Ausgerechnet das clowneske Pendeln des Körpers aber macht den Kraftverlust zu 80 Prozent wieder wett. Denn es erzeugt vorantreibenden Schwung. Mit ihrer Watschel-Technik legen die Vögel heroische Strecken zurück. Bis zu 200 Kilometer, wenn es darauf ankommt.

Und für die Kaiserpinguin-Weibchen, die eben vor Snow Hill Island, an der äußersten Spitze der antarktischen Halbinsel, aus dem eisigen Weddell-Meer aufgetaucht sind, kommt es drauf an. Ausgerechnet jetzt, in der ersten Julihälfte, im antarktischen Winter, bei minus 40 Grad Lufttemperatur und Windgeschwindigkeiten von bis zu 200 Stundenkilometern. Die Vögel haben gute 50 Kilometer vor sich bis zum traditionellen Brutplatz ihrer Population. Und sie hasten, als seien sie schon viel zu spät dran. Die nach unten gekrümmten Zehen ihrer dicken Füße klicken einen rastlosen Takt ins Eis.

Wie sie ihr Ziel finden im weglosen Weiß von Packeis und Schneetreiben, woran sie sich orientieren, weiß niemand genau. Seit die Pinguinweibchen vor vielen Wochen den Brutplatz verlassen haben und zum Meer gewandert sind, hat sich der Kragen aus gefrorenem Salzwasser, der Snow Hill Island umgibt, etwa verdoppelt. Entsprechend weiter ist nun der Rückweg und fremd das Terrain.

Sie überwinden Platten, Buckel, Blöcke, ziehen an den Steilkanten festgefrorener Eisberge entlang. Sie durchwandern eine aus Kristallen gewachsene Wüste, die sie noch nie zuvor gesehen haben. Dennoch streben alle Weibchen unbeirrt in dieselbe Richtung, eines hinter dem anderen, eine Schnur aus schwarzweißen, wackelnden Figuren. Alle getrieben von derselben Sehnsucht.

Noch verwunderlicher als das Findevermögen der Pinguinweibchen ist ihre Pünktlichkeit. Woher wissen sie, dass es Zeit ist, eine Verabredung einzuhalten, die sie vor zwei Monaten mit ihrem Partner getroffen haben? Davon, dass die Frauenkolonne rechtzeitig am Brutplatz eintrifft, hängt alles ab. Der Bruterfolg eines ganzen Jahres, das Leben ihres einzigen Kükens, die genetische Zukunft des Paares. Vielleicht sind einige der Weibchen in diesem Augenblick, während sie ein abschüssiges Eisfeld auf dem Bauch hinabgleiten, schon Mutter geworden. Vielleicht ist ihr Junges, fern von ihnen, gerade aus dem Ei geschlüpft und schreit nun nach Futter.

Auch wenn sie es nicht selber ausbrüten, ahnen Kaiserpinguin-Mütter offenbar, wie es um ihr Küken steht. Sämtliche Weibchen der Snow-Hill-Kolonie, die im März einen Mann abbekommen und sich gepaart hatten, haben im Mai ihr 500 Gramm schweres Ei gelegt, es ihrem Partner übergeben und sind dann zu einer ausgedehnten Fressorgie im Meer verschwunden. Dort, wo es Futter im Überfluss gibt, muss es sie dann plötzlich überfallen haben, das Gefühl: Mein Küken will schlüpfen.

Die Entwicklungsdauer eines Kaiserpinguin-Embryos beträgt etwa 65 Tage. Dass die Vogelmütter bewusst zählen, ist unwahrscheinlich. Woran sollten sie das Vergehen der Tage messen. Zumal es im antarktischen Winter 20 Stunden lang dunkel bleibt, nur die Polarlichter über den Himmel flackern. Eine noch unentdeckte biologische Uhr irgendwo im Organismus der Vögel aber tickt, seit die Weibchen ihr Ei gelegt haben, und meldet ihnen, wann sie gebraucht werden.

Unwiderstehlich muss dieser Ruf sein. Denn die Pinguine steigen aus dem Meer, ihrem eigentlichen Element, und machen sich auf den weiten beschwerlichen Fußweg zu ihrem Partner, zu ihrem Kind und zu der Chance, etwas von sich, von ihrer biologischen Identität am Leben zu erhalten.

Da sämtliche Kaiserpinguine einer Brutkolonie sich mehr oder weniger gleichzeitig paaren und zur selben Zeit ihr Ei legen, sind die vielen 1000 Küken auch etwa gleich alt. Und: auch gleich übermütig. Flügelzwicken ist eines der Lieblingsspiele der Kleinen.

Pinguinküken sind ständig hungrig.
Bei heiterem Wetter stehen die flaumigen Vögel in kleinen Grüppchen herum und halten Ausschau.
Sie warten darauf, dass Mutter oder Vater ihnen aus dem Meer einen Magen voll frischer Fische und Krill mitbringt.

Schon von Weitem tönt den Ankommenden das typische krächzende Geschrei entgegen. Es liegt wie eine vibrierende, vielstimmige Wolke über der Kolonie. 4000 männliche Kaiserpinguine stehen dort, wo bereits ungezählte Generationen vor ihnen die wohl härtesten Vaterpflichten der Welt erfüllt haben, und hüten den kostbaren Nachwuchs.

Ob noch Ei oder schon Küken: Das Junge ruht auf den Füßen seines Erzeugers, gut abgeschirmt vom eisigen Untergrund. Zusätzlich wird ihm von oben die üppige väterliche Bauchfalte übergestülpt wie ein dicker Kaffeewärmer. In diesem improvisierten Beutel herrschen verlässliche 38 Grad, also ideale Brutbedingungen. Daran ändert sich auch nichts, wenn der eisige Atem der Polkappe die Temperatur auf minus 57 Grad stürzen lässt und heulende Schneestürme über die Kolonie herfallen.

Kaiserpinguine machen bei der Aufzucht ihrer Küken so ziemlich alles anders als die meisten Vögel. Angefangen mit der Mutterrolle, die zunächst ausschließlich der Vater übernimmt. Außerdem ziehen sie ihren Nachwuchs nicht im Frühling oder Sommer groß, sondern ausgerechnet im Winter. Sie machen nicht einmal den Versuch, ein Nest zu bauen oder auch nur anzudeuten durch ein bisschen zusammengekratztes Material wie andere Pinguine. Ihr Ei ist mobil. So viel unterwegs wie der, der es auf seinen Füßen balanciert und mit dem Ungeborenen sogar gelegentliche Ausflüge und Schlitterpartien unternimmt.

Und als ob das nicht extravagant genug wäre, haben die Pinguine sich für ihre Fortpflanzung auch noch einen Ort ausgesucht, der als einer der klimatisch ungemütlichsten auf der Erde gilt. Allerdings sind sie für diese extreme Entscheidung auch extrem gut ausgestattet.

Einmal sind sie groß; ihre Körperoberfläche kühlt bedeutend langsamer aus als die kleiner Tiere. Ihr Gefieder ist dichter als das jedes anderen Mitglieds ihrer Klasse. 35 durch feine Häkchen miteinander verzahnte Federn pro Quadratzentimeter bilden einen elastischen und selbst Orkane abweisenden Schild. Darunter wächst, unmittelbar auf der Haut, eine flaumweiche Daunenschicht, in der warme Luft zirkuliert. Und unter der Haut sitzt, was sie sich in den unbeschwerten Sommermonaten angefressen haben: eine ziemlich dicke, zusätzlich isolierende Fettschicht. Sie macht etwa ein Drittel ihres Gewichts aus.

Die einzige Partie nackter Pinguinhaut, die mit dem Eis in Berührung kommt, ist die der Füße. Damit deren Blutzirkulation nicht abstirbt, stehen die Vögel meist auf den Hacken und stützen sich mit den Schwanzfedern nach hinten ab, um nicht umzufallen.

Gegen wärmezehrende Blizzards, die in der Frostmetropole der Erde oft wochenlang ununterbrochen über die Eisflächen fegen und die Brennstoffvorräte eines einzelnen Tiers erschöpfen würden, verteidigen sich Kaiserpinguine mit einer für Vögel ungewöhnlichen Strategie. Sie kuscheln. Dicht an dicht, Schulter an Schulter stehen sämtliche Tiere einer Kolonie im Kreis und bilden eine Trutzburg gegen die wütenden Naturgewalten. In dieser animalischen Wärmeinsel drängen sich zehn Pinguine pro Quadratmeter. Jeder Einzelne spart auf diese Weise bis zu 40 Prozent »Heizkosten«, kann seinen Stoffwechsel verlangsamen und die Fettreserven schonen.

In der Mitte ist die Temperatur natürlich am höchsten. Gemütliche 20 Grad. Aber kein Koloniemitglied kann den besten Platz für sich reservieren. Hierarchien sind in der Gesellschaft der Pinguine unbekannt, ebenso individuelle Ansprüche auf ein bestimmtes Territorium. Standorte werden ständig neu verteilt. Auch in der Kuschelgruppe. Ununterbrochen geht ein sachtes Schieben, Schlurfen und Plätzewechseln durch die scheinbar unbewegliche Masse der im Sturm gebeugten Gestalten. Der Kreis wird zur Spirale. Und jeder Vogel kommt bei dieser Prozession mal in die Mitte und mal an die Peripherie.

Vermutlich ist es für Kaiserpinguine sogar erfrischend, zwischendurch aus dem engen Gewühl im Zentrum hinausgedrängt zu werden. Denn immer wieder recken einzelne Tiere im Kuschelkreis ihren erstaunlich elastischen Hals und lassen ein Wölkchen heiße Atemluft aufsteigen.

In den zwei dunkelsten Monaten des Antarktiswinters bebrüten Pinguinväter so das ihnen anvertraute Ei. Zu fressen gibt es in der eisigen Einöde nichts. Seit sie im März das Meer verlassen und die Wallfahrt zur Brutkolonie angetreten haben, um ein Weibchen zu finden und sich zu paaren, fasten die männlichen Kaiserpinguine. Vier ganze Monate lang, ein Rekord nicht nur für Vögel, zehren die gefiederten Helden von ihrem Fett – und von der Hoffnung, dass ihre Partnerin die Verabredung einhält. Dass sie rechtzeitig wiederkommt und einen Bauch voll Babynahrung mitbringt.

Kaiserpinguine tragen ihren Nachwuchs anfangs auf den Füßen herum.
Der Flaum der frisch geschlüpften Küken ist noch hauchdünn und nicht wetterfest.
Unter der Bauchfalte der Mutter aber haben sie es ständig gemütlich warm.
Dort herrschen 38 Grad Celsius, auch wenn die Außentemperatur bei eisigem Wind auf minus 40 Grad stürzt.

Wird das antarktische Wetter für Pinguin-Verhältnisse zu warm, werfen die Küken sich aufs Eis und spreizen ihre paddelartigen Flügel ab. Deren Innenseite ist nicht gegen Kälte isoliert. Durch den Kontakt mit dem gefrorenen Meerwasser kühlen sie sich ab.

Als der Zug der Pinguinweibchen den Rand der Kolonie erreicht, erwartet sie eine neue, fast unlösbar anmutende Aufgabe. Wie sollen sie unter Tausenden von gleich aussehenden männlichen Artgenossen den Erzeuger ihres Kükens finden?

Bei dem nun folgenden Paartest sind beide Vögel auf ihr gutes Gedächtnis angewiesen. Sie müssen sich erinnern an die Zeit des Werbens, der Paarung – und vor allem an die Stimme des Partners, als er seine ekstatischen Liebesrufe ausstieß.

Singend wandern die großen wohlgenährten Vogelfrauen durch die Kolonie der abgemagerten Männer und vertrauen darauf, dass der Richtige ihr Lied heraushört aus dem lärmenden Tongewebe umherschwirrender Rufe, dass er den vertrauten Klang seines Weibchens wieder erkennt.

Kaiserpinguine, so viel steht fest, haben ein sehr viel feineres Ohr als Menschen. Vermutlich weil es für sie auch mehr zu hören gibt. Sie rufen nämlich nicht nur mit einer einzigen Stimme – wie wir –, sondern gleichzeitig mit zweien. Wenn sie wollten, könnten sie mit sich selbst ein Duett trällern. Denn jede ihrer beiden Kehlkopfhälften produziert, je nachdem was der Vogel will, entweder identische Schwingungen – das klingt dann besonders reich – oder eine Frequenzmischung. Dieser Doppelklang hat eine unverwechselbare Signatur. Und da die Sängerin die Silben ihres Liedes immer und immer wiederholt, entsteht ein akustisches Signal, das sich im allgemeinen Geschrei behauptet und rasch von dem begierig lauschenden Partner herausgefiltert wird.

Wenn es so weit ist, ruft er zurück. Aber er rührt sich nicht vom Fleck, sondern wartet, bis das Weibchen vor ihm steht. Noch einmal stimmt die Heimgekehrte ihr Lied an, macht ein paar tänzerische Schritte und schweigt dann. Lautlos, wie ineinander versunken, stehen beide eine Weile beieinander. Dann beäugt das Weibchen, mal mit dem einen, mal mit dem anderen Auge, in wachsender Erregung die Bauchfalte des Partners. Er lüftet den Wulst und entlässt den winzigen Nachwuchs ins Freie, von wo ihn seine Mutter binnen Sekunden in ihre eigene Warmhalte-

tasche bugsiert. Beide Pinguine besiegeln die Übergabe mit einem abschließenden Wechselgesang.

Eigentlich müsste der fastende Vater nun erleichtert sein. Aber er wirkt eher verstört. Immer wieder starrt er auf seine leere Bauchfalte, berührt sie mit dem Schnabel und stöhnt laut. Als würde ihm etwas fehlen, was monatelang fast ein Teil seines Körpers gewesen ist. Erst nach über einer Stunde hat er sich wieder gefasst und tritt nun seinerseits den langen Marsch zum Meer an.

Für das Kleine ist das Wiedersehen der Eltern seine erste, prägende Gesangsstunde. Es lernt deren Stimmen von denen aller anderen Pinguine in der Kolonie zu unterscheiden. Eine lebenswichtige Lektion. Denn mit seinen knapp 200 Gramm Schlüpfgewicht und dem hauchzarten Daunenkleid kann es seine Körpertemperatur noch nicht selbständig regulieren. Noch 50 Tage wird es die leibliche Wärme von Mutter oder Vater brauchen, um nicht zu erfrieren; und noch 150 Tage muss es gefüttert werden, ehe es selbst auf die Jagd gehen kann. Weil sein Gedeihen von Vater und Mutter und deren Fürsorge abhängt, sind deren Stimmen für jedes Kaiserpinguin-Küken fortan gleichbedeutend mit Wärme, Zuwendung und, wonach es nun immer wieder heftig verlangt, Nahrung.

Die erste Portion würgt ihm seine Mutter in den Schlund. Was sie mitgebracht hat, muss vorhalten, bis der Vater fünf Wochen später die nächste Ration liefert. Während Kaiserpinguin-Eltern ein Junges füttern, ist ihre Verdauung vollständig blockiert. Die Vögel fasten bei vollem Magen. In dieser Phase ihres Lebens dient das Organ allein als Speisekammer.

Zunächst wechseln die beiden Partner sich bei der Brutpflege ab: Mal wärmt und füttert der eine Vogel das Junge, und der andere schafft neue Nahrung herbei. Dann tauschen sie die Rollen. Und jedes Mal, wenn die Familie wieder vereint ist, findet die gleiche rührende Zeremonie statt: Rufen, Suchen, Erkennen und Freudengesang.

Die Wärmeschicht aus Federn, Daunen und Speck hat eine Schwachstelle: die nackten Füße der Kaiserpinguine. Monatelang stehen sie auf dem Eis. Damit ihre Extremitäten nicht erfrieren, lehnen die Vögel sich nach hinten und stützen sich auf ihre kurzen, kräftigen Schwanzfedern. Dadurch ragen ihre Füße – mitsamt dem darauf ruhenden Küken schräg nach oben. Und nur die Krallen haben noch Kontakt zum Eis.

Unter den brütenden Paaren einer Kaiserpinguin-Kolonie gibt es auch Singles.
Zum Beispiel Frauen, die keinen Partner gefunden haben, und Vögel, deren Küken umgekommen ist.
Bei manchen ist der Brutwunsch heftig. Jungvögel, deren Eltern vom Futterholen im Meer nicht zurückgekehrt sind, werden von ihnen »adoptiert«. Aber kein einzelner Pinguin kann genug Nahrung heranschaffen, um ein Küken großzuziehen.

Zu solchen Wiedersehensfeiern haben Kaiserpinguine allen Grund. Denn oft genug bleibt ein Partner aus. Vermutlich weil ihn ein Orca oder ein Seeleopard erbeutet hat, die entlang der Eiskante patrouillieren. Für das Küken ist das sein Todesurteil. Denn ein erwachsener Pinguin allein kann nicht Vater und Mutter zugleich sein. Das Arbeitspensum ist zu groß. Das Kleine wird schließlich verlassen.

Gut versorgte Pinguinküken wachsen rasch. Nach zwei Monaten passen sie unter keine Bauchfalte mehr und laufen nun munter umher. Ihr dichtes, graues Daunenkleid hält sie warm, und sie rotten sich mit den anderen Küken zu einer Art Kindergarten zusammen, während beide Eltern losziehen, um genug Nahrung herbeizuschaffen.

Von Mal zu Mal wird der Weg zum Meer etwas kürzer. Denn die kälteste Zeit ist mittlerweile vorbei. Die Tage werden länger, die Sonne kriecht etwas höher über den Horizont. Das Packeis kracht. Riesige Schollen wölben sich stöhnend. Spalten tun sich auf, und ganze Landschaften entlang der Eiskante lösen sich und treiben davon.

Manchmal wird es den jungen Pinguinen in ihrem dichten Flaumüberzug jetzt zu warm. Dann fressen sie Schnee, werfen sich der Länge nach aufs Eis und wedeln mit ihren kurzen Flügeln, damit kalte Luft an die kaum befiederte Unterseite gelangt. Vor gelegentlichen Schneestürmen suchen sie Schutz in der Masse, in einer flacheren Version des Kuschelkreises – wie sie es von klein auf gelernt haben.

Ihre Lied- und Merkkenntnisse werden nun immer häufiger von den Eltern »abgefragt«. Etwa jede Woche tauchen die erwachsenen Paare mit Frischkost am Rand der Kindergärten auf, wo bis zu 3000 Küken schlafend beieinander stehen. Wenn die Alten ihre Erkennungsmelodie ertönen lassen, schießt augenblicklich ein kleiner Kopf aus der Masse in die Höhe. Ein durchdringendes Signal gibt Antwort, und ein Küken kämpft sich durch das dichte Gedränge apathischer Jungvögel, um sich seine Mahlzeit abzuholen. Ist es am Rand der Gemeinschaft angelangt, singen

die Eltern es abermals an – das typische Ritual des Wiedersehens gehört nun mal dazu – und erst dann werden die Meeresfrüchte ausgeteilt. Die Heranwachsenden verschlingen bei einer einzigen Fütterung bis zu einem Drittel ihres eigenen Gewichts.

Trotz der aufopfernden Fürsorge kommen 25 bis 50 Prozent aller Kaiserpinguin Küken um. Sie sterben, weil sie Waisen geworden sind; weil sie von Raubmöwen oder Riesensturmvögeln erbeutet werden; weil sie sich zu weit von ihrer Gemein schaft entfernen und im Sturm erfrieren oder verhungern. Oder weil ihrer Kolonie der Boden unter den Füßen schmilzt, wenn sich das Packeis zu früh auflöst. Womöglich stecken die Jungen noch in der Mauser. Jedenfalls ist ihr Federkleid noch nicht wasserdicht. In solchen Fällen ertrinkt ein ganzer Jahrgang. Die Plackerei der Eltern ist umsonst gewesen.

Läuft jedoch alles wie am Schnürchen, hüpfen die herangewachsenen Jungvögel auf eine Eisscholle und lassen sich aufs Wasser hinaustreiben.

Nichts von dem, was sie während ihrer Kindheit gelernt haben, nützt ihnen etwas, wenn sie zum ersten Mal ins Meer springen. Auf dem Eis gab es keine Landräuber, vor denen sie sich hätten hüten müssen. Jetzt ist ein veritables Empfangskomitee von Beutegreifern zu ihrem Empfang am Rand des Eises versammelt.

Auch Schwimmen haben die jungen Pinguine als Küken nicht geübt. Und doch gehören sie zu den am tiefsten tauchenden Vögeln, und, dank ihrer eleganten Stromlinienform und der starkknochigen Paddelflügel, zu den schnellsten. Sie fliegen durch ihr heimatliches Element.

Ihre Chancen, große Mengen von Krill, Fische und Tintenfischen zu erbeuten, sind ausgezeichnet; ihre Aussicht, den scharfen Zähnen des Meeres davonzuschwimmen, dagegen nur passabel. Aber immerhin: 20 Prozent der flügge gewordenen Kaiserpinguine sind am Ende des ersten Jahres noch am Leben. ■

Kaiserpinguine – auf einen Blick

Ihr Platz im Tierreich

- Sie gehören zum Stamm der Wirbeltiere
- zur Klasse der Vögel
- zur Ordnung der Flossentaucher
- zur Familie der Pinguine

Ihr wissenschaftlicher Artname

Aptenodytes forsteri

Mit wem sie verwandt sind

Vieles spricht dafür, dass Pinguine von fliegenden Vorfahren abstammen und sich vor 80 Millionen Jahren in der Neuseeland-Region entwickelt haben. Ihre nächsten lebenden Verwandten aus dieser alten Linie sind die Albatrosse. Kaiser- und Königspinguine haben sich von den übrigen 15 Pinguinarten früh abgespalten.

Wo sie zu Hause sind (Individuenzahl)

Kaiserpinguine (200 000 Paare) sind Seevögel. Sie leben im südlichen Meer rings um die Antarktis. Nicht einmal zum Eierlegen kommen sie an Land. Sie brüten auf dem festen Meereis der Weddell- und der Rosssee.

Der vermessene Kaiserpinguin

- Sie sind die größten aller Pinguinarten und erreichen eine **Körperlänge** von bis zu 120 Zentimetern.
- Sie **wiegen** etwa 40 Kilo.
- **Geschlechtsreif** werden sie mit fünf Jahren.
- Die **Entwicklungszeit** zwischen Zeugung und Eiablage beträgt 63 Tage.
- Ihre **Lebenserwartung** beträgt 40 Jahre.
- Kaiserpinguine können über 500 Meter **tief tauchen** und **20 Minuten** unter Wasser bleiben, **ohne zu atmen**.
- Sie schwimmen mit einem **Dauertempo** von 24 und schaffen kurze **Spurts** von 50 Stundenkilometern.

Wie sie aussehen

Kaiserpinguine haben gelbfarbene Höfe rings um ihre Ohröffnungen und an der Kehle. Ihr Rückengefieder ist schwarz, ihre Bauchseite weiß – eine Schutzfärbung gegen Meeresräuber. Von unten gesehen heben die Vögel sich nicht gegen den hellen Himmel ab, von oben betrachtet nicht gegen die Dunkelheit des tiefen Wassers. Ihre Flügel sind zu paddelartigen Flossen reduziert und, wie der ganze Körper, mit dichten, schuppenartig übereinander liegenden kurzen Federn bedeckt.

Kaiserpinguine haben kurze Beine und kräftige Füße mit großen Krallen. Sie können aufrecht stehen und weite Strecken watschelnd laufen.

Wie sie sich ernähren

Kaiserpinguine jagen in den kalten, nahrungsreichen Strömungen rings um den antarktischen Kontinent. Bei einem einzigen Fischzug legen sie bis zu 1900 Kilometer zurück. Ihre Beute besteht aus Krill, Fischen und Tintenfischen. Mit ihrer stachelbesetzten Zunge und den starken Kiefern fixieren sie zappelnde, schlüpfrige Meerestiere und verschlucken sie im Ganzen.

Ihre Lebensgewohnheiten

Kaiserpinguine verbringen etwa 75 Prozent ihres Lebens im Meer. Aber darüber ist weit weniger bekannt als über ihre erstaunliche Paarungs- und Brutbiologie. Die Meeresvögel sind extrem gesellig. Sie brüten in Kolonien von bis zu 10 000 Paaren. Ihre Paarungszeit beginnt etwa im März, wenn sie zu ihren traditionellen Brutplätzen wandern. Die Pinguinfrauen suchen sich ihre Männer aus. Wahlentscheidend sind deren gelbe Markierungen und ihre Leibesfülle. Nur wohlgenährte und gesunde Vogelväter mit makellosem Gefieder ertragen die monatelange Fastenzeit und die tiefen Minusgrade, während sie das gemeinsame Küken ausbrüten. Manchmal finden sich die Partner vom Vorjahr wieder.

Der Paarung gehen viele ritualisierte Verbeugungen, Berührungen und ekstatische Gesänge voraus. So lernen die Vögel einander kennen und merken sich die Stimme des Partners. Sie müssen ihn in der Kolonie unter vielen tausend Vögeln wiederfinden.

Wie sie ihren Nachwuchs aufziehen

Männliche Kaiserpinguine haben als Väter einen legendären Ruf. Sie übernehmen von ihrer Partnerin das frisch gelegte Ei und rollen es sich auf die Füße, unter ihre üppige Bauchfalte. Dort kommt es mit dem Eis nicht in Berührung und wird von oben gewärmt. Neun Wochen lang stehen die männlichen Mütter brütend beieinander, ertragen extreme Minusgrade, Schneestürme und Hunger. Seit sie aus dem Meer gestiegen und zum Brutplatz gewandert sind, haben sie gefastet, eine 115 Tage dauernde Tortur. Etwa Mitte Juli, wenn das Küken schlüpft, kehren die Pinguinfrauen zurück, erkennen ihren Partner an der Stimme und übernehmen das Füttern und Wärmen des Jungen. Jetzt wandert der Pinguinmann zum Fressen ins Meer zurück. Monatelang lösen die Eltern einander ab, pendeln zwischen Meer und Brutplatz, bis ihr Küken im Dezember voll befiedert ist und sein Leben als Wasservogel beginnt.

Woher Gefahr droht

Südpolarskuas, Scheidenschnäbel und Riesensturmvögel attackieren Pinguinküken, deren Vater oder Mutter nicht zur Kolonie zurückgekehrt sind. Erwachsene Jungvögel werden beim ersten Ausflug ins Meer von Seeleoparden, Orcas und Haien erbeutet.

Ist der Jugendflaum erst wind- und wetterfest und isoliert eine angefütterte Speckschicht unter der Haut die Küken gegen die Eiseskälte ihrer Kinderstube, schlüpfen sie unter der warmen elterlichen Bauchfalte hervor und beginnen, auf eigenen Füßen umherzuspazieren.

Der aufrechte Gang fällt den munteren Küken nicht einfach so zu.
Das typische Pinguin-Pendeln von einer Seite zur anderen, von einem Fuß auf den anderen, will trainiert sein.
Wie bei einem Drahtseilakt rudern die Kleinen heftig mit den Flügeln, um das Gleichgewicht zu halten.

Graue Riesenkängurus

Geborgen im Beutel

Heute ist ein besonderer Tag im Leben der Kängurufrau. Einer der wenigen, an denen sie nicht schwanger ist. Sie ruht im lichten Schatten eines Akazienwaldes, gut zehn Meter entfernt von den anderen Mitgliedern ihrer Gruppe, des sogenannten »Mobs«. Die sanften Augen im schmalen Rehkopf scheinen nach innen zu schauen. Nur die aufrecht stehenden Ohren sind in Bewegung, tasten die Luft ab nach verdächtigen Lauten, finden aber nichts, was beunruhigend wäre. Lediglich die Nähe des Alpha ist etwas zu intim.

Schon seit Tagen folgt der Kängurumann ihr wie ein Schatten, taucht nach Ringkämpfen mit den Nachbarn erregt neben ihr auf und beschnuppert sie sogar.

Kängurus halten Abstand. So machen sie einander beim Weiden keine Konkurrenz, treten sich nicht gegenseitig ins Grünzeug. Und beim Rasten beanspruchen sie einen ähnlichen Freiraum. Wenn ihnen nach Spielen, nach Kontakt zumute ist, was gar nicht selten vorkommt, sind sie mit einem Sprung beim Nachbarn. Das lockere Band, das einen Mob zusammenhält und von anderen Mobs abgrenzt, ist mehr ein Gefühl der Zugehörigkeit. Äußere Kennzeichen fehlen.

Fünfzehn Östliche Graue Riesenkängurus – junge männliche Tiere und Mütter mit ihrem Nachwuchs – dösen, lang hingestreckt oder lässig auf einen Arm gestützt, im Gras und mahlen mit den Kiefern. Über dem ausgekochten Boden liegt die Tagesglut wie eine mächtige Decke, die alles niederzwingt.

Nur nicht den Anführer des Mobs, den dominanten »Boomer«. Trotz der Hitze hütet er seine Frauen. Denn ganz in der Nähe haben sich weitere Mobs niedergelassen, und bei gelegentlichen Patrouillen husten die Boomer sich gegenseitig an, wenn sie meinen, dass ein Fremder ihrem Harem zu nahe gerückt ist.

Die Haltung der Kängurufrau unterscheidet sich deutlich von der anderer Gruppenmitglieder. Sie liegt, gegen einen Stamm gelehnt, auf dem Rücken. Ihr Becken ist nach oben gedreht, der

kräftige Schwanz ruht unter ihr zwischen den gespreizten Schenkeln. Den Oberkörper hat sie so weit vorgebeugt, dass sie mit beiden Pfoten die Ränder ihres Beutels auseinanderziehen und mit der Zunge darin herumfahren und ihn reinigen kann. Zwischendurch leckt sie eine Speichelspur in ihr Fell, eine nasse Straße zwischen ihrer Ausscheidungsöffnung und dem Beutel. Dies wird die Landebahn für ihr Neugeborenes.

Vor etwa sechs Wochen hat sie ihren jüngsten Nachwuchs, die damals neun Monate alte Tochter, endgültig an die Luft gesetzt. Jedes Mal wenn das Kind wie gewohnt mit dem Kopf voran in der Bauchtasche der Mutter landen wollte, hat diese die Muskeln angespannt und so die Öffnung fest verschlossen. Zum ersten Mal erlebt die Tochter, dass zum Getragenwerden zwei gehören. Und dass die Mutter es offenbar satt hat, ein viel zu schweres Kind im Beutel herumzuschleppen. Zumal der Platz darin mittlerweile zu eng geworden ist. Meist ragen die überlangen Hinterbeine der Tochter aus der Öffnung hervor.

Über Nacht ist für das Kängurujunge alles anders geworden. Künftig gibt es keine kuschelige Zuflucht im Bauch der Mutter mehr, nicht das Gefühl vollkommener Geborgenheit. Plötzlich wohnt das Kind in einer neuen Umwelt, in den endlos weiten ostaustralischen Grasländern. Eine Weile muss die Beuteltiermutter sehr konsequent bleiben und die uneinsichtige Tochter sogar mit den Pfoten sanft wegdrängen. Nur den Kopf darf die Halbwüchsige noch gelegentlich in den Beutel stecken und von »ihrer« Zitze Milch trinken.

Der Hinauswurf eines Kindes, das allmählich lernen soll, auf eigenen Füßen zu stehen, ist ein tiefer Einschnitt. Nicht nur für das junge Känguru. Auch die Mutter empfindet eine neue ungewohnte Leichtigkeit im Beutel. Weit folgenreicher aber ist, was ihre Hypophyse registriert. Die kleine Drüse an der Gehirnbasis merkt, dass seit dem Auszug des Jungen etwas fehlt: der regelmäßige Saugreiz des kleinen Kängurumauls. Das frei umherhüpfende Kind ist ja nicht mehr Chef im Beutel, kann also nicht nach Belieben trinken, sondern es muss mit der Besitzerin des Beutels über den passenden Zeitpunkt »verhandeln«. Wenn die Mutter gerade zu einer neuen Weide wandert, wenn sie in weit ausgreifenden Sprüngen vor einem

Dingo flieht oder sich zu voller Größe von 170 Zentimetern aufrichtet, um hoch wachsende Blätter zu zupfen, ist die Milchquelle vorübergehend unerreichbar.
Auf die Hirnanhangsdrüse wirkt das Ausbleiben eines Signals wie ein biochemischer Befehl, und prompt drosselt sie die Herstellung von Prolaktin. Das spart Milch.

In einem so hoch entwickelten System wie dem eines großen Beuteltiers bleiben derartige Pegelschwankungen im Stoffhaushalt nicht unbemerkt. Schon gar nicht, wenn ein vor neun Monaten befruchtetes Ei nur darauf wartet, aus seinem Dornröschenschlaf geweckt zu werden. Solange der Prolaktinspiegel hoch ist, wirkt er auf den Keim wie ein Schlaftrunk. Sinkt der Spiegel, erwacht das Zellklümpchen und beginnt rapide zu wachsen. Nach einer sensationell kurzen Tragezeit von 36 Tagen kommt der Embryo zur Welt.

Er ist blind, nackt, kaum ein Gramm schwer und noch vollkommen unreif. Bloße Knospen deuten an, wo sich einmal die Hinterbeine mit den starken Schenkeln entwickeln werden. Dennoch hat das Kängurubaby im Körper der Mutter bereits ein kleines Orchester von Botenstoffen dirigiert, um die eigene Geburt und seine künftige Ernährung in die Wege zu leiten. Hormone sorgen dafür, dass die Mutter die richtige Geburtshaltung einnimmt und dass die Wehen einsetzen. Sie kurbeln den Milchfluss wieder an. Und sie befehlen der Hirnanhangsdrüse der Mutter, Oxytocin auszuschütten. Eine wahre Zauberdroge. Sie weckt in der Kängurufrau starke fürsorgliche Gefühle für das Würmchen, das nun aus ihrem Körper gleitet und auf ihrem Bauch landet.

Dort macht der 25 Millimeter lange Fötus erst mal eine Pause, doch höchstens 15 Sekunden lang. Dann packt er mit seinen gut ausgebildeten, aber insektenfeinen Vordergliedmaßen ins mütterliche Fell und hangelt sich schräg nach oben, dem Beutel entgegen. Die Duftstoffe der Speichelbahn weisen ihm den Weg, denn seine Nasenlöcher sind kräftig entwickelt. Die Nässe im Pelz der Mutter schützt ihn davor auszutrocknen.

Sie schaut ihm bei seinen Mühen zu, greift aber selbst nicht ein, hilft ihm nicht in den Beutel. Offenbar findet in diesen wenigen Augenblicken ein wichtiger Leistungstest statt. Der Knirps muss Tüchtigkeit beweisen und einen unbändigen Lebenswillen, um sich die mütterliche Zuwendung zu erobern.

Drei Minuten braucht der kleine Athlet. Dann hat er den Beutel erklommen. Sein Geruchssinn steuert ihn zu den vier Zitzen. Von der seiner Schwester hält er sich fern, schon weil sie viel zu groß ist. Er wählt eine der drei anderen, zwei Millimeter kurzen Warzen, stülpt sein winziges Maul darüber und klemmt sie zwischen seine Kiefer. Für die nächsten 100 Tage hängt er daran wie angewachsen.

Anfangs sind neugeborene Kängurus noch zu schwach, um selbständig zu saugen. Ihre Fütterung übernehmen die Muskeln in der Zitze, die sich regelmäßig zusammenziehen und so die Milch hinauspressen, dem Winzling direkt in den Schlund. Zitze, Warze und Milchdrüse wachsen im Laufe der Wochen und Monate mit, in denen das Beutelbaby sich entwickelt. Sie sorgen dafür, dass sich die Zusammensetzung der Milch dem Bedarf des Winzlings anpasst.

Zunächst ist sie wässrig und enthält vor allem Kohlenhydrate, also Bausteine für die rapide Entwicklung der Gehirnzellen. Sie werden vernetzt mit den heranreifenden Sinnesorganen und mit dem Nervensystem, das die Bewegungen steuert. Nach drei Monaten kann der Fötus den Kopf heben und die Zitze selbständig loslassen und wieder ergreifen. Mit vier Monaten öffnet er die Augen, mit fünf kann er stehen.

Von jetzt an braucht der Kleine mehr Energie, um zu wachsen. Seine Organe, Knochen, Muskeln verlangen nach kräftiger Nahrung und entsprechend dramatisch wird die Zusammensetzung des weißen Lebenssafts umgestellt. Der Anteil der Kohlenhydrate verschwindet fast völlig, der des Fetts steigt auf über 60 Prozent.

Kängurumütter striegeln ihren Kindern fürsorglich das Fell.
Dazu benutzen sie die zierlichen fingerartigen Krallen ihrer Vorderpfoten.
Und wenn der feine Pelz ihres Kleinen verklebt ist, nehmen sie die kräftige Wiederkäuerzunge zur Hilfe.

Westliche Graue Riesenkängurus leben in Haremsgruppen mit einem Chef und alleinigen Erzeuger aller Jungen.
Der Alpha-Mann ist gut doppelt so schwer wie die weiblichen Tiere.
Wenn er einer seiner Frauen dicht auf den Pelz rückt, will er gewöhnlich prüfen, ob sie empfängnisbereit ist.

Aber die Milchbar im Beutel einer Kängurumutter kann weit mehr als den Nahrungscocktail für die verschiedenen Wachstumsstufen eines Babys passend anzumischen. Sie versorgt gewöhnlich zwei Kinder, »Joeys« genannt, gleichzeitig, ihr Neugeborenes und die neben ihr hüpfende Tochter. Jedes der beiden Kinder erhält eine Spezialmilch. Aus jeder Zitze fließt ein anderer Saft, der in Bezug auf Menge und Mixtur exakt dem entspricht, was der Nachwuchs braucht.

Nach sieben Monaten tragen Beutelbabys ein dichtes Fell. Neugierig schauen sie aus der Bauchtasche auf den Kängurualltag. Sie erleben die große Gelassenheit des Lebens, die für weidende Tiere typisch ist; den Rhythmus der Wanderungen, der diktiert wird vom Wachstum frischer Gräser, Kräuter und Blätter; und die ekstatischen Flüge, wenn die Mutter durch die Luft springt und ihr Junges dabei im Beutel auf- und abhüpft. Bei Regen suchen die Joeys tief im Beutel nach Deckung. Obendrein zieht die Kängurufrau ihre Bauchmuskeln an und verschließt den Rand wasserdicht. Wenn die Mutter weidet, schweben die Joeys wie in einer Hängematte dicht über dem Boden und knabbern an der Vegetation in Reichweite des Beutels, probieren, was die Mutter frisst, und meiden, was sie links liegen lässt.

Von ihrer elastischen Loge aus erleben die Kleinen das soziale Geflecht des Mobs, verfolgen die Rangeleien und das Kräftemessen junger Kängurumänner, staunen über die Sprünge und Pirouetten ausgelassener Kinder. Sie selbst sind viele Monate nur Zuschauer, in Sicherheit unter der mütterlichen Haut. Bis zu jenem Tag, an dem die Mütter beschließen, sie ins Freie zu lassen.

Golfanlagen mit gut gedüngtem und gewässertem Grün sind Leckerbissen für Kängurus.
200 der Wiederkäuer leben dauerhaft auf dem Golfplatz von Anglesea, einer kleinen Ortschaft an der Südküste des Bundesstaats Victoria.
Die Beuteltiere gehören mittlerweile zu den touristischen Sehenswürdigkeiten, mit denen das Städtchen für sich wirbt.

Im Murramarang-Nationalpark an der Küste von New South Wales haben etwa 20 Kängurus saftige Weiden gefunden. Besonders der Salzgehalt der Strandhalme hat es ihnen angetan. Beim Fressen stützen sich die Beuteltiere auf ihre kurzen Vorderpfoten, beim Aufrechtstehen auf den kräftigen Schwanz.

Vorher mustern die Kängurufrauen lange ihre Umgebung, horchen und wittern. Scheint alles ruhig, entspannen sie ihre Beutelmuskeln und das Kleine purzelt ein paar Zentimeter tief ins Gras. Der Schreck ist offenbar groß. Denn die meisten Joeys klettern sofort wieder zurück. Aber von Mal zu Mal dauern die Ausflüge länger, werden die Kleinen übermütiger, selbständiger.

Die Beziehung zwischen Kängurumüttern und ihren Kindern ist besonders zärtlich. Oft umarmen sie ihren Joey, legen den Kopf an den des Kindes, tragen mit ihm spielerische Boxkämpfe aus. Geht ein Kleines verloren, rufen Mutter und Kind so lange, bis sie sich gefunden haben, geleitet vom Klang der vertrauten Stimme.

Unweigerlich aber geht die idyllische Zeit zu Ende. Für jeden Joey kommt die Krise, der Augenblick, in dem der Beutel nicht mehr aufgeht, das wundersame »Sesam öffne dich« versagt. Denn die Wohnung im Bauch der Mutter erwartet einen neuen Mieter.

Wie auf einem Baby-Förderband rücken die älteren Kinder alle eine Station weiter: Der frisch aus dem Beutel verbannte neun Monate alte Joey darf noch weitere neun Monate an einer Zitze seine Milch abholen. Der Jugendliche aber, der um des Joey willen vor 18 Monaten aus dem Beutel ausziehen musste, ist erwachsen und von jetzt an entwöhnt. Seine Milchquelle im Beutel der Mutter bildet sich zurück.

Woher aber kommt der jüngste Joey, das unreife Würmchen? Wann ist es gezeugt worden? – An jenem besonderen Tag, an dem die Kängurufrau ausnahmsweise nicht trächtig ist, sondern gerade ihr jüngstes Kind geboren hat und zu säugen beginnt.

Dem Boomer ist sie schon seit einigen Wochen aufgefallen. Ihr leerer Beutel und die neun Monate alte Tochter an ihrer Seite haben ihm signalisiert, dass er sich bald mit ihr paaren könnte. Regelmäßig hat er an ihrer Kloake geschnuppert, sie in zwei Metern Abstand überallhin begleitet, gelegentlich sogar seine Wachsamkeit als Haremschef vernachlässigt. Nur um seine Chance auf Vaterschaft nicht zu verpassen.

Als der Mob gegen Morgen einen Eukalyptushain erreicht, weidet der Boomer neben seiner Erwählten. Tief zieht er den Duft ihres Urins in die Nase und analysiert mit der Treffsicherheit eines biochemischen Labors, dass es so weit ist. Sie hat einen Eisprung gehabt und ist empfänglich. Er streicht ihr mit den Pfoten über die Schultern, richtet sich hoch auf und berührt ihre Nasenspitze mit seiner. Als die Kängurufrau sich entgegenkommend nach vorn beugt, besteigt er sie und zeugt das nächste Baby im Wartestand. ■

Östliche Graue Riesenkängurus – auf einen Blick

Ihr Platz im Tierreich

- Sie gehören zum Stamm der Wirbeltiere
- zur Klasse der Säugetiere
- zur Ordnung der Diprotodontia (der Tiere mit »zwei Vorderzähnen«)
- zur Familie der Kängurus

Ihr wissenschaftlicher Artname

Macropus giganteus

Mit wem sie verwandt sind

Alle Säugetierbabys haben eine extrem lange Entwicklungszeit. Manche wachsen im Leib der Mutter heran. Andere kommen unfertig zur Welt und reifen im Beutel der Mutter heran. Diese zwei Strategien existieren seit über 150 Millionen Jahren. Beuteltiere erreichten Australien vor 50 Millionen Jahren und spalteten sich auf zu etwa 170 Arten – darunter waren auch die großen Kängurus. Eng verwandt ist das Östliche Graue Riesenkänguru mit dem Westlichen Grauen Riesenkänguru.

Wo sie zu Hause sind (Individuenzahl)

Östliche Graue Riesenkängurus leben, wie der Name verrät, im östlichen Teil des Kontinents, einschließlich Tasmaniens (viele Millionen). Sie sind genügsam und kommen mit karger Vegetation aus. Die Tiere bevorzugen dünn bewaldete Landschaften.

Das vermessene Känguru

- Vom Kopf bis zum Rumpf erreichen Östliche Graue Riesenkängurus eine **Größe** von 140 Zentimetern. Der kräftige **Schwanz** wird 100 Zentimeter lang.
- Männliche Tiere sind mit 90 Kilogramm **Gewicht** meist doppelt so schwer wie weibliche Tiere.
- Die **Sprungkraft** Östlicher Grauer Riesenkängurus ist imposant: Sie bringen es in der Weite auf 13,50 Meter, in der Höhe auf 2,50 Meter und sind 50 Kilometer pro Stunde schnell.
- Mit 20 Monaten sind sie **geschlechtsreif**.
- Ihre **Neugeborenen** kommen nach 36 Tagen auf die Welt, wiegen knapp ein Gramm und sind 2,5 Zentimeter groß.
- Weibliche Tiere haben **zwei Uteri und Vaginen**; männliche Kängurus haben **zwei Penisse**, ihre Hoden liegen vor (nicht hinter) dem Penis.
- Die **Lebenserwartung** der Östlichen Grauen Riesenkängurus beträgt etwa 18 Jahre.

Wie sie aussehen

Ihr auffälligstes Merkmal sind die muskulösen Hinterbeine. Damit springen sie nicht nur ungewöhnlich weit. Sie verbrauchen beim Hüpfen extrem wenig Energie. Das liegt an ihren elastischen Beinsehnen, die wie ein Gummiband immer wieder auf die Normallänge zurückschnellen. Je schneller das Känguru hüpft, umso flinker bewegt sich die Sehne. Das typischste Kennzeichen der Kängurus ist ihr Beutel. Darin werden die Babys umhergetragen und gesäugt. Mit den kurzen Vordergliedmaßen können Kängurus nicht nur boxen. Die fünf zierlichen Krallen am Ende jeder Pfote sind geschickt wie eine Hand und dienen zum Greifen und zur Fellpflege.

Wie sie sich ernähren

Kängurus sehen zwar nicht wie Rinder aus, aber wie diese ernähren sie sich vorwiegend von Gras. Die Beuteltiere haben ebenfalls einen mehrkammerigen Wiederkäuermagen, um die Zellulosekost zu verdauen und Nährstoffe aufzuschließen. Eine weitere Anpassung an die zähen Halme sind ihre kuppenreichen Backenzähne. Zum Zermahlen des Futters werden jeweils nur die beiden vorderen Zähne eingesetzt. Sind diese abgewetzt, fallen sie aus und das nächste Paar rückt nach vorn.

Ihre Lebensgewohnheiten

Tagsüber ruhen Kängurus meist im Schatten von Büschen oder Bäumen. Aktiv sind sie in den Dämmerungsstunden und nachts. Die Beuteltiere leben gesellig. Mehrere Kängurufrauen, deren Nachwuchs und ein erwachsener Kängurumann leben zusammen als »Mob«. Der Chef des Mobs versucht alle Frauen zu decken und verteidigt seine Position gegen Konkurrenten. Die Größe der Wohngebiete ist abhängig vom Klima einer Region. Wo die Nahrung karg ist, müssen die Territorien groß sein. In Gebieten mit reichlich Futter leben Kängurus dicht beieinander.

Wie sie ihren Nachwuchs aufziehen

Wächst genug Gras, versorgen Kängurumütter drei Babys gleichzeitig: Das älteste wird mit neun Monaten noch gesäugt, aber nicht mehr im Beutel herumgeschleppt. Ein unreifes Neugeborenes, das im Alter von fünf Wochen auf die Welt kommt, hat den Beutel für sich allein und vollendet dort, an einer Zitze hängend, seine Entwicklung. Das Jüngste schwebt als Zellhäufchen auf Abruf im Leib der Mutter. Es ist gezeugt worden, als der Bewohner des Beutels geboren wurde, reift aber erst zum Embryo heran, wenn der Beutel wieder frei wird.

Woher Gefahr droht

Dingos sind die einzigen natürlichen Feinde junger Kängurus. Weit tödlicher sind die Menschen. Im Jahr 2006 hat die Regierung 1,6 Millionen Östliche Graue Riesenkängurus zum Abschuss freigegeben.

Geparde

Die gejagten Jäger

Als es vorbei ist, sitzt die Gepardin hoch aufgerichtet und schaut prüfend umher. Die Miene strenger Wachsamkeit hat ihr die Natur mit schwarzen Linien ins runde Katzengesicht gezeichnet. In der Ebene scheint alles friedlich, als könnte keinem etwas zustoßen in dieser pastoralen Landschaft unter dem flachen blauen Himmel. Vor dem Horizont treten ein paar Gnus und Thomsongazellen aus dem Grau der Dämmerung. Wie eine helle Flut spült der warme Glanz des Morgens über Büsche, Termitenhügel, flache Bodenwellen, Akazienkronen und vom Fluss ausgewaschene Uferböschungen. Die aus der grünen Grasdecke aufragenden Halmdickichte verwandeln sich in funkelndes Gold, und in den Bodensenken verbrennen die letzten Tauschleier.

Nur die Atemzüge der Katze, der rasche Puls ihrer Flanken verraten, wie stark sie sich eben noch verausgabt hat. Aus ihrer Kehle dringt ein Zwitschern wie von einem Vogel. Noch mal und noch mal tönt es, dringender, drängender. Bis aus einem zerzausten Gebüsch in etwa 100 Metern Entfernung die mehrstimmig gezwitscherte Antwort kommt. Und als hätten sie auf dieses Signal gewartet, stürmen vier junge männliche Geparde aus ihrem Versteck und preschen heran. Aufgeregt hüpfen die sechs Monate alten Welpen um ihre Mutter herum und um die Beute zu deren Füßen. Sie drängen zum Mahl, gierig, aber unschlüssig, wo sie es anpacken sollen.

Der bernsteinfarbene Blick der Gepardin streicht noch immer über die ausgedörrte Savanne. Ihre scharfe Aufmerksamkeit beunruhigt einen Trupp von Springböcken. Als spürten sie die Augen der Jägerin wie eine Berührung, rücken die Antilopen nervös zusammen, suchen Schutz im Gedränge, im ununterscheidbaren Braun der Rückenfelle, der weißen Bäuche und der koordinierten Trippelschritte von 60 Beinen. Langsam weichen sie zurück, alle Köpfe hingewendet zu der tödlichen Gefahr, die sich soeben ein Mitglied ihrer Herde geholt hat.

Die Welpen nehmen von alledem nichts wahr. Schnurrend lagern sie neben dem hingestreckten Huftier, das einen Moment lang nicht aufgepasst hat, und beginnen an dessen Fell zu reißen.

Eben noch zupfte der Springbock arglos Gras. Die Deckung eines niedrigen Gehölzes gab ihm ein trügerisches Gefühl der Sicherheit. So blieb er ein wenig zurück, als sein Trupp weiterzog. Ein verhängnisvoller Fehler, den die Gepardin von fern bemerkt hat und sofort nutzte. Zunächst näherte sie sich ihrem Opfer zügig aus 300 Metern Entfernung. Die Jungen schlossen sich an.

Sobald ihre Kräfte für längere Strecken ausreichen, begleiten Gepardenjunge ihre Mutter beim Beutegreifen. Etwa am zwölften Tag nach der Geburt öffnen sich die Augen der Babys, und um diese Zeit fangen sie an zu laufen, taumelnd zunächst, aber schon mit sechs Wochen führt die Mutter sie an ihren ersten Kadaver.

Geparde kommen zwar mit dem Körperbau und den scharfen Sinnen der Raubkatzen auf die Welt, doch ihre Talente schlummern und müssen durch Training geweckt und zur Perfektion geschliffen werden. Sie brauchen etwa zwei Jahre Lehrzeit, eineinhalb davon unter Anleitung ihrer Mutter, ehe sie sich selbständig ernähren können.

Das Quartett der Brüder aber ist trotz seiner sechs Monate noch verspielt. Die jungen Katzen tollen um die Mutter herum, trotten sogar vorweg, verstehen noch nichts vom Anschleichen, von der Notwendigkeit, sich so lange zu verbergen, bis der Augenblick zum Angriff da ist.

Die unbekümmerten Kleinen drohten die Antilope zu warnen; die Gepardin setzte sich hin. Sofort waren die Welpen bei ihr und warfen sich neben der Mutter ins Gras. Nach fünf Minuten stand sie wieder auf und lief geduckt los. Diesmal folgten die Jungen nur langsam. Der Springbock war mittlerweile hinter ein paar Stämmchen verschwunden. Unbemerkt kam die Jägerin bis auf 100 Meter heran; dann sprintete sie los und hatte mit einigen Sätzen die Distanz zu ihrer Beute halbiert, ehe die Antilope aufblickte, die Gefahr erkannte und floh.

Geparde sind weniger mit tödlichen Waffen und Kräften gerüstet als etwa Löwen oder Leoparden. Die grazilen Leichtgewichte haben kürzere Zähne und schwächere Kiefer. Ihren Krallen, die sich nicht einziehen lassen wie die anderer Katzen und die sich daher beim Laufen abnutzen, fehlen die scharfen, gebogenen Spitzen zum Durchbohren oder Aufreißen der Beute. Der Abdruck ihrer zierlichen Pfoten gleicht eher dem eines Wolfs. Wären Geparde nicht so schnell, stünde es schlecht um ihren Erfolg als Fleischfresser.

Schnell aber sind sie. Sogar unvergleichlich schnell, weil ausgestattet mit allem, was Höchstgeschwindigkeit physisch fördert. Dank ihrer extrem langen Beine erreichen sie Schrittlängen von über sieben Metern, wobei ihr flexibles Rückgrat sich im Lauf wie eine Feder krümmt und entspannt, und die Katze wie von einem Bogen geschossen vorwärtsschnellt. Weite Nasenlöcher, voluminöse Bronchien und Lungenflügel decken den hohen Sauerstoffbedarf, wenn ein Gepard auf kurzen Strecken alle Energiereserven mobilisiert und Spitzen von bis zu 120 Stundenkilometern erreicht. *Acinonyx jubatus* ist zum Laufen geboren. Über gut 300 Meter kann ein Gepard dieses Tempo durchhalten. Hat er sein Opfer erst eingeholt, drosselt er die Geschwindigkeit, um beim Zickzackkurs des fliehenden Huftiers mitzuhalten.

Dreimal schlägt der Springbock einen Haken, um die Verfolgerin abzuschütteln. Die aber reagiert blitzschnell, bremst mit den harten Fußkrallen, wechselt in einem Wirbel von Staubfahnen und Grasfetzen ebenfalls die Richtung und ist plötzlich gleichauf mit den Hinterläufen der Antilope.

In diesem Augenblick setzt die Jägerin zu einem riskanten Manöver an: Sie hebt eine Tatze – ihr Tempo beträgt noch immer halsbrecherische 70 Stundenkilometer – und versetzt der Beute einen Klaps. Mehr ist nicht nötig, um die heikle Balance der Flucht in einen Sturz zu verwandeln. Der Springbock fliegt Hals über Kopf durch die Luft und schlägt hart auf. Die Gepardin schießt ein Stück weiter, kehrt um, packt das Opfer bei der Kehle und beißt so lange fest zu, bis es nicht mehr zappelt. Nach zwei Minuten ist das Tier erstickt, das Drama beendet.
Da 50 Prozent aller Angriffe gelingen, bekommt der Nachwuchs täglich etwa acht Kilo Fleisch.

Die Jägerin greift nach einem Schenkel und schleppt ihre Beute etwa 200 Meter weit auf eine leichte Anhöhe. Unter einer Gruppe von Bäumchen legt sie die 50 Kilo schwere Last ab. So können die Welpen im gesprenkelten Schatten der schütteren Kronen fressen.

Dabei geht es verträglich zu zwischen den vier männlichen Geschwistern – ganz anders als im Löwenrudel, wo jeder dem Nachbarn das Futter neidet. Zwar zerrt ein Gepardenwelpe seinem Bruder einen fleischigen Knochen weg, kurz darauf aber gibt er ihn gelassen wieder her. Die Mutter macht immer wieder Fresspausen, um Ausschau zu halten. Binnen einer halben Stunde sind von der Antilope nur noch Eingeweide, Knochen und Fell übrig.

Entspannt und satt sinken die fünf ins Gras. Ihr getüpfeltes Fell wird aufgesogen von den Farben der Vegetation, der Erde, den im Wind tanzenden Lichtflecken. Die Katzen liegen eng beieinander, einer sogar an den Bauch der Mutter geschmiegt, und lecken sich gegenseitig die verschmierten Gesichter.

Als wollten sie nachspielen, was die Mutter ihnen eben noch vorgeführt hat, beginnen die vier Jungen, sich gegenseitig zu belauern, zu beschleichen, zu jagen und mit dem typischen seitlichen Schlag der Pfote auf Flanken oder Rumpf zu Fall zu bringen. So werden sie miteinander vertraut, mit den eigenen Stärken und Schwächen und denen der Geschwister. Diese früh geknüpften Bande halten bei männlichen Tieren ein Leben lang. Gemeinsam fällt es ihnen später leichter, ein Territorium von etwa 40 Quadratkilometern zu beanspruchen und auch große Beute wie Gnus und Büffel zu erlegen.

Weibliche Tiere dagegen streifen so lange allein umher, bis sie mit zwei Jahren ihren ersten Nachwuchs zur Welt bringen. Ihre Territorien sind viel weiträumiger und können bis zu 830 Quadratkilometer umfassen.

Der kräftigste der vier Welpen schießt ausgelassen auf einer imaginären Zickzackbahn um den Ruheplatz, den Schwanz steil in die Luft erhoben. Einer der drei anderen nimmt die Verfolgung auf und wird seinerseits von den beiden Geschwistern gehetzt. Mehrfach werden die Rollen getauscht. Jeder bekommt Gelegenheit, sich mal als Jäger, mal als Beute zu fühlen.

Im wirklichen Leben gelingt den Halbwüchsigen das Erlegen jedoch noch lange nicht. Selbst dann nicht, wenn die Mutter ihnen gelegentlich ein lebendiges Kitz zum Üben mitbringt. Zwar laufen die Welpen eifrig hinterher, sobald das Opfer zu

Obwohl die drei Monate alten Gepardenbabys seit Kurzem Fleisch fressen, werden sie noch regelmäßig gesäugt. Meist legt die Mutter sich dabei auf die Seite, damit alle gleichzeitig trinken können. Aber dieser Kleine brauchte eine Stärkung zwischendurch.

Die Babymähne junger Geparde löst ihre Kontur auf.
In den afrikanischen Grassavannen sind sie gut getarnt vor den scharfen Blicken von Hyänen oder Löwen.
Der Flausch beginnt erst zu verschwinden, wenn die Katzen fast erwachsen sind.

fliehen versucht. Und sogar das Niederwerfen schaffen die jungen Katzen nach einigen Fehlschlägen. Dann aber wissen sie nicht weiter. Und am Ende packt doch wieder die Mutter zu und gibt dem Opfer den Rest.

Ehe die behütete Phase endet und die vier auf sich allein gestellt sind, haben sie noch knapp ein Jahr Zeit, von den Erfahrungen der Mutter zu profitieren. Sie müssen lernen, was es heißt, mit nichts als fragilen Waffen und raffinierter Technik anzutreten gegen die Überlebensinstinkte agiler Huftiere.

Aber sie müssen auch lernen, was es heißt, mit mächtigeren Räubern zu konkurrieren. Dabei geht es nicht um Mangel, nicht darum, dass die Basis der Nahrungspyramide zu schwach wäre, um alle Mitglieder der räuberischen Oberschicht satt zu machen. Es geht vielmehr um Bequemlichkeit. Wann immer sich die Gelegenheit ergibt, lassen Fleisch fressende Endverbraucher wie etwa Löwen, Leoparden und Hyänen die flinken, erfolgreichen Geparde für sich jagen. Kaum liegt die Beute im Gras, treten die Schmarotzer auf und holen sich den noch warmen Kadaver. Wie wütend die Geschädigten bei solchen Gelegenheiten auch fauchen, sie können ihre Ansprüche gegen die brutale Kraft der Diebe nicht durchsetzen.

Weit bitterer jedoch ist die Lektion, die nur knapp fünf Prozent aller Gepardenwelpen überleben: Dass sie in der pastoralen Landschaft der afrikanischen Savanne nicht nur Beutegreifer sind, sondern auch Beute. 78 Prozent aller jungen Geparden werden von Löwen getötet, 12,2 Prozent von Hyänen und jeweils 1,5 Prozent von Leoparden und Greifvögeln. Von den 14 Würfen, die eine Gepardenmutter im Lauf der Jahre zur Welt bringt, überlebt nur ein einziger.

*Geparde haben schlanke Beine und zierliche Pfoten – keine Pranken wie etwa Löwen oder Tiger.
Und ihre scharfen Krallen können die Sprinter unter den Katzen nicht einziehen.
Auch darin unterscheiden sie sich von anderen Feliden.*

*Ein Windstoß bläst dem kleinen Gepard eine Ladung Sand ins Gesicht.
Die schwarzen Linien, die vom inneren Augenwinkel bis unters Kinn verlaufen,
geben den weichen Katzenköpfen einen strengen, fast drohenden Ausdruck.*

Deshalb gibt es in der Beutegreifer-Gesellschaft der afrikanischen Ökosysteme bedeutend mehr Hyänen, Löwen und Leoparden als Geparde.

Nur weil sie ebenso erfinderisch sind wie flexibel, schlagen die gejagten Jäger sich vorläufig noch durch. Weil sie zum Beispiel bei Tag jagen, wenn die anderen Räuber schlafen. Weil sie Gebiete mit wenigen Huftieren bevorzugen, die die Jagdlust von Löwen und Hyänen nicht reizt. Weil sie ihre Beute, so rasch es geht, unter eine Deckung zerren, damit die Geier sie nicht entdecken und am Himmel bekannt geben. Weil sie ihre Mahlzeiten binnen Minuten hinunterschlingen. Und weil Gepardenmütter ihre Neugeborenen Tag für Tag an einem anderen Platz verstecken und die Kleinen, kaum dass sie laufen können, zu einem rastlosen Dasein nötigen.

Ein kurzer Laut von der Gepardin warnt die tollenden Welpen. Sie hat in der Ebene etwas entdeckt, was sie beunruhigt, und bricht auf. Die Jungen laufen gemächlich hinterher. Mit jeder Stunde, mit jedem Tag verstehen sie besser, worauf es für sie ankommt. Ständig umherstreifen, die Gewohnheiten der Feinde kennen und ihnen aus dem Wege gehen: Das sind die Überlebensregeln für Geparde. ■

Selbst bei Wurfgeschwistern ist die Färbung des Fells bei jedem Tier unterschiedlich.
Schon früh lernen die Kleinen jede Anhöhe zu nutzen.
Von dort schauen sie nach Beute aus oder nach Feinden,
um sich rechtzeitig zu verstecken.

Geparde jagen, sobald der Morgen graut. Von klein auf begleiten die Jungen ihre Mutter beim Beutemachen und lernen anfangs vom Zuschauen. Mit etwa 18 Monaten sind sie auf sich allein gestellt, müssen aber noch lange an ihrer Jagdtechnik feilen.

Geparde – auf einen Blick

Ihr Platz im Tierreich

- Sie gehören zum Stamm der Wirbeltiere
- zur Klasse der Säugetiere
- zur Ordnung der Beutegreifer
- zur Familie der Katzen

Ihr wissenschaftlicher Artname

Acinonyx jubatus

Mit wem sie verwandt sind

Geparden sind Mitglieder der sechs Millionen Jahre alten Pantherlinie, zu der auch Servals, Goldkatzen, Nebelparder und Pumas gehören. Diese Linie spaltete sich vor zwei Millionen Jahren nochmals auf und brachte die sogenannten großen Katzen hervor wie etwa Löwen, Tiger, Leoparden und Jaguare.

Wo sie zu Hause sind (Individuenzahl)

Geparden leben im Iran (200?), in Ägypten (40?), Nordwest-Afrika (500?), Namibia (2500), Ostafrika (1000) und Südafrika (10 000). Die Katzen sind anpassungsfähig. Sie kommen gut zurecht in Halbwüsten, in offenem Grasland und in dichtem Unterholz. Hauptsache, ihr Lebensraum bietet genügend Deckung zum Anschleichen und Verstecken.

Der vermessene Gepard

- Rechnet man den Schweif dazu, bringen es die schlanken Katzen auf eine **Körperlänge** von 186 bis 234 Zentimetern.
- Sie **wiegen** 40 Kilo (weibliche Tiere) bis 65 Kilo (männliche Tiere).
- **Geschlechtsreif** werden weibliche Tiere im zweiten Lebensjahr, männliche Tiere erst mit drei Jahren.
- Das **Wohngebiet** von Gepardenmüttern kann 500 bis 1500 Quadratkilometer groß sein; ähnlich ausgedehnt ist das von männlichen Einzelgängern; Koalitionen mehrerer männlicher Geparde dagegen kommen gewöhnlich mit 12 bis 35 Quadratkilometern aus.
- Die **Lebenserwartung** von Geparden beträgt 7 bis 15 Jahre.
- Auf kurzen Strecken erreichen Geparde ein **Tempo** von über 100 Kilometern pro Stunde, damit halten sie den Geschwindigkeitsrekord unter allen Landtieren.

Wie sie aussehen

Geparde sind schlanke Katzen mit vielen kleinen Tupfen im sandfarbenem Fell. Ihre Krallen sind stumpf wie die von Hunden und lassen sich nicht einziehen. Das gibt den schellen Jägern beim Laufen zusätzlich Schub. Die hohen schlanken Beine enden in zierlichen Füßen. Geparde haben keine »Pranken« wie Löwen oder Tiger.
Ihr Kopf ist klein und rund, die Ohren sind kurz. Typische Merkmale sind zwei dunkle Streifen, die wie Tränenspuren vom inneren Augenwinkel an der Nase entlang bis unters Kinn verlaufen. Dadurch erhält das runde Gesicht einen ernsten, ja drohenden Ausdruck. Die männlichen Tiere sind deutlich größer und schwerer.

Wie sie sich ernähren

Geparden erlegen ihre Beute. Sie überwältigen mittelgroße Huftiere wie etwa Gazellen, Impalas, Springbock und die Jungen großer Huftiere wie Gnus und Büffel. Aber sie machen auch Jagd auf Hasen und andere kleine Säugetiere; gelegentlich fangen sie sogar Vögel. Im Gegensatz zu den meisten Katzen jagen sie bei Tag. So vermeiden sie die scharfe Konkurrenz der Löwen, Leoparden und Hyänen. Geparde schleichen sich an und spurten los, sobald die Distanz zur Beute weniger als 100 Meter beträgt. Etwa die Hälfte aller Angriffe schlägt fehl. Geparde können ihr hohes Jagdtempo nur etwa 20 Sekunden lang durchhalten. Die Zähne sind kurz und verletzen allenfalls die Haut ihrer Opfer. Es wird daher gewöhnlich zu Boden geworfen und dann bei der Kehle gepackt und erdrosselt.

Ihre Lebensgewohnheiten

Geparde sind nicht festgelegt auf einen bestimmten Lebensstil. Weibliche Tiere leben manchmal allein, meist aber zusammen mit ihrem Nachwuchs. Männliche Tiere dagegen streifen vorwiegend als Einzelgänger umher. Einige aber, meist Brüder desselben Wurfs, schließen sich zu Koalitionen zusammen. Sie besetzen gemeinsam ein Territorium, das sie als Gruppe verteidigen und in dem sie gemeinsam jagen.

Wie sie ihren Nachwuchs aufziehen

Die Fürsorge ist allein Frauensache. Die Tragezeit umfasst drei Monate. Zu einem Gepardenwurf gehören selten mehr als fünf Junge. Sie sind bei der Geburt bis zu 300 Gramm schwer. Nach etwa 10 Tagen öffnen die Kleinen ihre Augen. Bis zu sechs Monate lang werden sie von der Mutter gesäugt, folgen ihr aber schon im Alter von sechs Wochen. Die aus Mutter und Kindern bestehende Familie wechselt ihr Versteck beinahe täglich. Mit etwa eineinhalb Jahren sind die Jungen selbständig und haben von der Mutter das Jagen gelernt. Im Alter von knapp zwei Jahren sind Geparden erwachsen.

Woher Gefahr droht

Erwachsene Geparde sind vor anderen Beutegreifern ziemlich sicher. Nicht aber ihre Jungen. Bis zu 95 Prozent aller Gepardenbabys fallen Löwen, Leoparden, Pavianen und Hyänen zum Opfer. In einigen Regionen Afrikas machen Bauern Jagd auf Geparde, um ihr Vieh zu schützen.

Eisbären

Jagen ist ein Kinderspiel

Am überraschendsten ist die Helligkeit. Sie fällt durch ein großes strahlendes Loch in der Decke des Baus, durchstößt die vertraute Dämmerung und springt den kleinen Eisbären in die schwarzen Augen. Blitzschnell kneifen sie ihre Lider zu. Dann aber blinzeln sie neugierig hinauf zu der Öffnung, die ihre Mutter eben mit den Vorderpranken gegraben hat und durch die sie kurz darauf verschwunden ist. Nicht nur Licht strömt in die Kammer unter der zwei Meter dicken Schneedecke. Auch frische, eisige Luft stürzt sich auf die drei, packt sie bei ihrem feinen Pelz und macht ihnen Beine.

Etwas unbeholfen klettern sie den Schneehang hinauf, den die Mutter in die Höhle geschaufelt hat, der stärkste voran. Oben stecken sie die Köpfe über die Kante und sehen als Erstes, was sie dringend zu sehen hoffen: die Mutter. Von ihr sind die Kleinen keinen Augenblick getrennt gewesen, seit sie vor etwa vier Monaten auf die Welt kamen. Den großen warmen Körper plötzlich nicht zu spüren, nicht das weiche Fell, nicht die Geborgenheit, ist unerträglich. Und so stürzen die Bärenbabys zur Mutter hin, kuscheln sich unter dem zotteligen Baldachin ihres Bauchs an ihre Beine und stellen die gefühlte Einheit wieder her. Dann erst, von diesem sichersten aller Plätze aus, schauen die Kleinen umher in die Welt, die eben blendend weiß für sie aufgegangen ist.

Es ist März an der westlichen Hudson Bay. In Kanadas 11 475 Qudratkilometer großem Wapusk-Nationalpark wühlen sich jedes Jahr um diese Zeit bis zu 180 weibliche Eisbären aus einer Höhle und locken ihren Nachwuchs ins Freie. Verborgen unter der weißen Dünung der Schneewehen erstreckt sich die im Permafrost erstarrte Tundra. Wo rund 70 Kilometer südlich der Stadt Churchill ungezählte Seen, Fluss- und Bachläufe die bis zu vier Meter dicke Torfschicht des Untergrunds ausgewaschen haben, befindet sich die wohl bedeutendste arktische Gebärsiedlung von *Ursus maritimus*: 1200 Geburtshöhlen, viele über fünf Meter lang und mehrere Meter breit, durchlöchern die Steilufer der Gewässer im Hinterland der westlichen Bay.

Ihre Eingänge sind nach Süden oder Osten gewendet, wo sich zu Winterbeginn am frühesten der Schnee auftürmt, und weg von den vorherrschenden Winden. In einer dieser Kinderstuben ist auch die Mutter der Drillinge zur Welt gekommen. Und als es dann später für sie selbst so weit ist, macht sie, was sich für trächtige Bärinnen gehört: Sie bezieht im Herbst eine der Höhlen und richtet sie ein wenig her, um dort die Geburt ihrer Babys zu erwarten. Wahrscheinlich ist sie sogar schon vorher im Höhlenbezirk unterwegs gewesen, hat die eine oder andere der unterirdischen Behausungen besichtigt und für ein paar Tage bewohnt, bis sie sich endgültig entschieden hat.

Dabei haben ihr nicht nur andere Bärinnen Gesellschaft geleistet. Auch Bärenmänner schätzen solche Gruben – um darin während des Sommers immer mal wieder auf der Bärenhaut zu liegen.

Spätestens ab Juli nämlich, während der warmen Zeit des arktischen Jahres, schmilzt den Bären das Hudson-Bay-Eis unter den Pfoten weg und nötigt sie, an Land nach Nahrung zu suchen. Anders als Braun- und Grizzlybären, ihre Vettern, fressen die weißen Spezialisten jedoch so gut wie keine Pflanzen. Sie leben fast ausschließlich von der Jagd auf dem Eis. Ihren Erfolg verdanken sie eher ihrer Taktik – Lauern und Warten – als der Verfolgung.

In der Tundra sind kurze Spurts mit Tempo 50 zwar möglich. Nur lohnen die meisten Beutetiere kaum die Mühe des Fangens. Eisbären verbrennen dabei mehr Energie, als ihnen die Mahlzeit einbringt. Daher bummeln sie lieber zu Dutzenden entlang der Küste umher und hoffen auf die Kadaver gestrandeter Meeressäuger. Schließlich wandern sie ins Hinterland, kriechen in eine kühlende Erdhöhle nahe an einem See oder Fluss und verdämmern die eisfreien Monate bei gedrosseltem Stoffwechsel. Im Übrigen fasten sie.

Eisbären können es sich leisten, eine Weile von ihren enormen Reserven zu zehren. Zwei Drittel des Jahres, von November bis Juli, machen sie auf dem Meereis reiche Beute, erlegen Ringel- und Bartrobben, Walrosse, gelegentlich auch im Packeis gefangene Belugas und sogar Orcas. Den Überfluss speichern Eisbären in Fettpolstern, in gut zehn Zentimeter dicken Vorratskammern unter der Haut – eine perfekte Isolierung gegen die eisigen Wassertemperaturen.

Auch die Mutter der drei kleinen Eisbären hat sich, als sie noch Single war, auf den schwimmenden Packeisinseln einen kräftigen Wanst zugelegt. Am liebsten fraß sie die proteingesättigte Speckschicht ihrer Opfer. Als sie so jagend und schlemmend durchs Meer trieb und Anfang April mit 400 Kilo Gewicht ihre Bestform erreicht hatte, begegnete ihr der Erzeuger ihrer Babys. Er war der zweite Mann in ihrem Leben, und sie verbrachte mit ihm eine stürmische Liebeswoche unter den flammenden Nordlichtern. Als dann im Juli ihr Jagdgebiet im Meer verschwand und sie zusammen mit Hunderten von Artgenossen notgedrungen an Land ging, war sie ein bisschen schwanger.

Dieser Zustand ist bei weiblichen Eisbären nicht ungewöhnlich. Nach der Befruchtung teilen sich ihre Eier, wie bei Säugetieren üblich, und bilden kugelförmige Zellklumpen. Doch dann ist mit dem Wachstum erst mal Schluss. Die Keimbläschen mit dem genetischen Code für junge Eisbären treiben frei in der Gebärmutter umher und nisten sich nicht ein.

Das geschieht erst vier Monate nach der Zeugung und nur, wenn die Eisbärin mindestens 200 Kilo wiegt. Die verzögerte Implantation ist eine Art biologische Rückversicherung. Wie ein Solist auf seinen Einsatz wartet, um im richtigen Augenblick und im Takt mit dem gesamten Orchester seine Melodie erklingen zu lassen, so passen die fragilen Zellverbände künftiger Eisbärenbabys ihre Entwicklungszeit ein in den polaren Rhythmus. Embryonen wachsen nur heran, wenn deren Mütter körperlich imstande sind, die Jungen nicht nur auszutragen, sondern auch lange zu säugen.

Die Überlebenschancen der kleinen weißen Bären wachsen mit dem Gewicht ihrer Mutter. Je schwerer sie ist, umso mehr Nahrungsreserven kann die Bärin abzweigen, umso kräftiger wachsen ihre Würfe. Eine gut ernährte Mutter erzeugt für ihre Neugeborenen so viel fetthaltige Milch, dass die Kleinen rapide zunehmen. Mit 600 Gramm kommen sie auf die Welt, mit 10 Kilo verlassen sie zum ersten Mal die Geburtshöhle. Dazwischen liegen etwa vier Monate, in denen die Bärin selber nichts frisst. Vier Monate Fasten, die auf vier magere Sommermonate folgen, in denen sie – daran sei noch einmal erinnert – auch überwiegend gehungert hat, wie alle Artgenossen der westlichen Hudson-Bay-Population in der Zeit des Eismangels.

Bärenmütter ruhen mitsamt ihren Babys etwa zwei Meter tief in der Erde begraben, bedeckt

von weiteren zwei bis drei Metern Schnee. Mutter werden, die natürlichste Sache der Welt, bedeutet für die Eisbärin eine radikale Umstellung ihres üblichen Lebensstils. Vorbei ist die Zeit, in der sie frei umherstreifen, schwimmen, tauchen, Beute machen und fressen konnte. In der Geburtshöhle verwandelt sie sich in eine hingebungsvolle, behütende, brütende, nährende, sich selbst verzehrende, allein für die Kleinen existierende Umwelt. Nur so kommt der Nachwuchs durch den Winter.

Während im Freien die Stürme wüten und die Temperatur auf minus 50 Grad Celsius absinkt, liegt das Binnenklima der Geburtshöhle um den Gefrierpunkt. Dafür sorgt die Körperwärme der mächtigen Bärin. Für die Neugeborenen, die im November oder Dezember auf die Welt kommen, ist es trotzdem zu kalt. Verglichen mit anderen Säugetierjungen sind Bärenbabys –

Mit wohlgenährten Drillingen hat diese Eisbärenmutter ihre Geburtshöhle verlassen. Das Gebiet, in dem die Eisbärinnen der westlichen Hudson Bay seit Jahrhunderten ihren Nachwuchs zur Welt bringen, liegt im Wapusk-Nationalpark.

Junge Eisbären sind unternehmungslustig.
Und die fürsorglichen Bärenmütter geben sich gern dazu her,
ihren Kleinen als Kletterfelsen zu dienen.

nicht nur die der arktischen Art – extrem winzig, kaum mehr als eine Handvoll Leben. Und sie sind so unfertig wie Larven: blind, taub und so gut wie nackt. Die Mutter sitzt am Boden, beugt sich weit nach vorn, bildet mit ihrem Leib ein dicht mit warmem Fell ausgekleidetes Nest und presst die Kleinen an ihre Zitzen. Während der ersten Wochen wird der Nachwuchs ständig gesäugt. Eisbärenmilch ist so ziemlich das Reichhaltigste, was Säugetiere ihrem Nachwuchs bieten können. Sie besteht zu 33,5 Prozent aus Fett. Und entsprechend ist die Wirkung. Schon nach einem Monat haben die Jungen ihr Gewicht vervierfacht. Sie können hören, sehen und riechen. Im zweiten Monat wachsen Fell und Zähne, und mit einem Vierteljahr haben sie genug Kraft zum Laufen.

Wenn die Mutter mit ihren rundlichen, plüschbedeckten Babys die Höhle verlässt, sind sie etwa vier Monate alt und gut 10 Kilo schwer. Die Bärin dagegen ist abgemagert. Acht bis neun Monate lang hat sie gefastet und etwa drei Viertel ihres Gewichts eingebüßt. Das Gute an ihrer strengen Diät: Sie speckt lediglich ab. Die bärenstarken Muskeln bleiben intakt. Und die braucht sie auch. Um ihre Kleinen auf dem Eis gegen männliche Artgenossen zu verteidigen, um Diebe von ihrer Beute zu vertreiben und um so bald wie möglich die eigenen Fettzellen wiederaufzufüllen.

Es dauert gewöhnlich zwei weitere Wochen, ehe die jungen Bären fit genug sind für den manchmal recht weiten Marsch zum Eis. Noch immer verbringen sie mehr als 80 Prozent ihrer Zeit im Bau, trinken sechsmal täglich und sammeln erste Erfahrungen in ihrer weißen Welt. Sie begreifen, dass sie auf den ersten Ton ihrer Mutter sofort kommen müssen und dass sie bei kurzen Ausflügen am besten in die breiten Fußstapfen der Mutter treten.

Am Rand eines zugefrorenen Sees türmen sich die Schneewehen.
Geschützt vor dem scharfen Wind ruht die Eisbärenfamilie aus.
Die Zwillinge kuscheln sich in das warme Bauchfell zwischen den Pranken ihrer Mutter.

Auf dem weiten Weg von der Geburtshöhle zum Ufer der eisbepackten Bay macht die Bärin regelmäßig Pause. Für allzu lange Wanderungen reichen die Kräfte der Kleinen noch nicht aus.

Nachdem sie so lange unter Tage eingeschlossen gelebt hat, genießt die Bärin die Sonne, die frische Luft, die umherwehenden Düfte und die Möglichkeit, sich ungehemmt zu bewegen. Übermütig wirft sie sich in den Schnee, rollt sich auf den Rücken, strampelt mit den Tatzen und steckt ihre Kleinen mit ihrer Stimmung an. Bald turnen die jungen Bären über sie hinweg, beißen zum Schein in die großen Tatzen, zerren am Halsfell der Mutter, ringen miteinander und werfen verharschten Schnee in die Luft. So stärken sie ihre Muskeln, setzen die Pfoten allmählich gezielter und im Wechselschritt der Eisbären: erst vorne rechts, dann hinten links, dann hinten rechts und vorne links.

Kaum beherrschen die Kleinen die richtige Gangart, bricht die Familie in Richtung Küste auf. So hungrig die Mutter ist, so gierig auf frisches Fleisch, sie hat unendlich Geduld mit ihren Kindern. Immer wieder macht sie Pausen, säugt die Jungen, hüllt sie zärtlich ein in ihren Pelz, gräbt ein Quartier nach dem anderen in die hohen Schneeverwehungen, die sich hinter Nadelbaumgruppen und Büschen auftürmen. Um keinen Preis dürfen die Kleinen auskühlen in dem schneidenden Wind, der ungebremst vom Nordpol her weht.

Was die Mutter ihnen auf dieser Wanderung zumutet, fordert die Kräfte der Jungbären, überfordert sie aber nicht. Von Tag zu Tag werden sie leistungsfähiger, zäher. Die Bärin trainiert ihre Kleinen. Dazu gehört, dass sie unterwegs auch ihrer Neugier nachgehen dürfen, wenn auch immer nur in Begleitung der Mutter, dass sie an sich selbst neue Fähigkeiten entdecken, Prankenschläge, Sprünge, Bisse erproben und Phantomen hinterherjagen. Der Weg über die eisige Arktis wird zum Übungsfeld für ihre Fertigkeiten als Beutegreifer, noch ehe sie eine einzige Robbe auch nur gesehen, gewittert oder gar geschmeckt haben.

Wenige Tiere spielen so hemmungslos wie junge Eisbären. Etwa 20 Prozent ihrer knappen Energievorräte werden vergeudet, so scheint es, mit wiederholten Albereien. In Wirklichkeit jedoch schafft die intensive sensorische und physische Stimulation, die mit den übermütigen Bewegungen einhergeht, eine Fülle von Verbindungen zum Gehirn. Und diese Verbindungen wiederum beschleunigen die motorischen Fähigkeiten junger Tiere.

Die neuronale Entwicklung der kleinen Bären ist mit der Geburt längst nicht abgeschlossen. Ihre Gehirnzellen brauchen jede Menge Anregungen und Anstöße von der Außenwelt.

Gerade junge Tiere spielen so ausgiebig, weil in dieser Zeit massenweise synaptische Kontakte geknüpft werden. So wird das gesamte Spektrum ihrer physischen und mentalen Möglichkeiten ausgereizt. Sie wachsen zu tüchtigen kleinen Räubern heran, die sich auf neue Situationen blitzschnell einstellen können. Das hat Vorteile für die Zukunft. Tiere, die seit ihrer Jugend viel geübt und sich kräftig bewegt haben, sind solchen, die erst spät damit anfangen, überlegen.

Mit ihrem munteren Treiben verbessern die Bärenjungen nicht nur ihre Leistung, ihr Gedächtnis, ihre Flexibilität. Es finden dabei auch noch Rückkopplungen statt. Das heißt: bestimmte, für ihren späteren Erfolg als Jäger wichtige Muskelgruppen werden gestärkt auf Kosten anderer, die weniger wichtig sind.

Spielend lernen die drei Bären, was sie sich in der realen Welt noch lange nicht trauen dürfen. Geschützt von der Mutter bereiten sie sich vor auf die Herausforderungen der harten arktischen Wirklichkeit. Sie üben den präzisen Prankenschlag, den Beutesprung, den Biss in den Hals – und üben zugleich, die eigene Kraft zu kontrollieren. Denn sie wollen ja ihre Geschwister nicht verletzen, sondern als Trainingspartner benutzen. Beim Umhertollen bügeln die drei ihre babyhaften Tollpatschigkeiten aus, korrigieren die Einschätzung von Distanzen, erfahren, wozu ihre scharfen Krallen taugen. Wieder und wieder proben sie einzelne Phasen, empfinden Lust am Geschick des eigenen Körpers. Bis schließlich jede Bewegung »sitzt«. Eines Tages, wenn das Leben ernst macht, wird das Gelernte wie automatisch ablaufen, mit der mühelosen Eleganz und scheinbaren Leichtigkeit, die charakteristisch ist für ihre Art.

Ausgestattet mit dem virtuellen Repertoire des Räubers erreichen die Kleinen mit ihrer Mutter schließlich das Packeis, ihr künftiges Jagdterrain. In der kristallenen Landschaft aus klaffenden Spalten und aufgetürmten Eisschollen erleben sie endlich, was es heißt, mit scharfen Zähnen am Speckkragen einer Ringelrobbe zu reißen und ihre Position an der Spitze der Nahrungspyramide wahrzunehmen. ■

Die 200 Kilo schwere Eisbärin hat sich in einer Schneewehe nur zweimal hin und her gedreht und schon ist eine kuschelige Kuhle entstanden. Die Mutter rollt sich auf die Seite. So entsteht an ihrem dichten Bauchpelz ein geschützter Spielplatz für munter herumtollende Babys.

In Puncto Reinlichkeit nehmen es Eisbären genau.
Weil die kleinen Bären die Putzregeln noch nicht beherrschen, werden sie von der Mutter regelmäßig mit der Zunge sauber geleckt. Nach lichtlosen Monaten in der Erdhöhle, wo die Jungen geboren worden sind, ist der Pelz der Mutter etwas gelbstichig geworden.

Auch wenn die beiden Eisbärenbabys noch recht klein sind, ihr Übermut ist groß.
Sie tollen in einer Schneewehe umher und benutzen die Mutter als Sprungschanze.
Bärinnen sind extrem vorsichtige Mütter. Sie haben ihre Jungen am liebsten dicht bei sich, damit ihnen nichts zustößt.

Auf einer Anhöhe schaut die Bärin um sich. Sie hat es eilig, das Eis der Hudson Bay zu erreichen, um zu jagen.
Seit Monaten hat sie gefastet, während sie ihre Kleinen in der Geburtshöhle zur Welt gebracht und gesäugt hat.
Trotzdem hat die Bärenmutter Geduld mit den Jungbären, die auf dem langen Marsch zum Meereis immer wieder ausruhen müssen.

*Eine Bärenmutter lehnt sich in eine Schneewehe und säugt ihre Jungen.
In den ersten Monaten nehmen die Kleinen rasch zu und werden immer kräftiger
– allein von der fettreichen Muttermilch. Sobald die Bärin ihre ersten Robben erlegt,
beginnt auch für den Nachwuchs das Leben als Fleischfresser.*

Eisbären – auf einen Blick

Ihr Platz im Tierreich

- Sie gehören zum Stamm der Wirbeltiere
- zur Klasse der Säugetiere
- zur Ordnung der Beutegreifer
- zur Familie der Bären

Ihr wissenschaftlicher Artname

Ursus maritimus

Mit wem sie verwandt sind

Eisbären sind eine junge Art, kaum älter als 10 000 Jahre. Sie stammen von einer Braunbärenlinie ab, die vor 2,5 Millionen Jahren durch einen Vergletscherungsschub auf der Nordhalbkugel isoliert wurde. Die Population passte sich der neuen Umwelt aus Meereis an und begann bald erste Merkmale einer eigenen Spezies zu zeigen.

Wo sie zu Hause sind (Individuenzahl)

Eisbären (22 000) leben rings um den Nordpol. Das Packeis des Arktischen Ozeans und das Landeis der Küstenregionen ist ihr Territorium. Die fünf Eisbärnationen heißen: USA (Alaska), Kanada, Russland, Dänemark (Grönland) und Norwegen.

Der vermessene Eisbär

- Eisbären sind die **mächtigsten Landraubtiere** der Erde.
- Sie legen enorme **Entfernungen** zurück, jedes Jahr rund 8000 Kilometer.
- Ihre **Höchstgeschwindigkeit** über kurze Strecken beträgt 50 Kilometer pro Stunde.
- Ein aufgerichteter männlicher Eisbär ist vier Meter **groß**, weibliche Tiere erreichen 285 Zentimeter.
- Männliche Tiere können 650 bis 800 Kilo **wiegen**, weibliche werden selten schwerer als 500 Kilo.
- Eisbärinnen haben **vier Zitzen**, können also vier Junge gleichzeitig säugen.
- Die **Fettschicht** unter der Haut eines Eisbären ist bis zu 10 Zentimeter dick.
- Eisbären können 100 Kilometer weit **schwimmen**, ohne zu rasten.
- Der **Geruchssinn** des Eisbären ist unerhört fein und reicht bis zu 30 Kilometer weit.
- Eisbären sind mit vier bis sechs Jahren **geschlechtsreif**.
- Sie haben eine durchschnittliche **Lebenserwartung** von 30 Jahren.

Wie sie aussehen

Schon die Gestalt eines Eisbären – etwa der schmale Schädel mit der »römischen Nase«, der lange Hals und die gerade Rückenlinie – unterscheidet sich von der seines nächsten Verwandten, des Braunbären. Das Eisbären-Gebiss ist das eines Fleischfressers. Backenzähne, wie Braunbären sie einsetzen, um zähe Pflanzenfasern zu zermahlen, sind bei Eisbären kleinflächig. Umso stärker sind ihre Reißzähne, mit denen sie Fleischbrocken absäbeln. Auch die Eckzähne, mit denen sie ihre Beute packen, sind länger und kräftiger als die von Braunbären. Das auffälligste Kennzeichen der Eisbären, ihre weiße Fellfarbe, entsteht durch Lichtbrechung, nicht durch eingelagerte Pigmente. In Wahrheit sind ihre Pelzhaare durchsichtig. Die Haut unter dem Fell ist schwarz – was an der Nasenspitze und den Lippen zu erkennen ist.

Wie sie sich ernähren

Eisbären fressen an der Spitze der arktischen Nahrungspyramide. Sie sind Jäger. Kilometerweit riechen sie Robbenjunge, die unter Schneebauten versteckt auf dem Eis ruhen. Mit einem Sprung durchbrechen sie die Höhle und töten ihr Opfer durch einen Schlag mit der Pranke. Stundenlang lauern Eisbären an einem Atemloch, das eine Robbe sich ins Eis gebissen hat und zu dem sie irgendwann zurückkehren muss. Auch dann genügt meist ein Prankenschlag, um die Beute zu töten und mit einem Griff aus dem Wasser zu holen. Aber Eisbären sind nicht wählerisch. Sie fressen, was sich ihnen bietet: Krebse, Muscheln, Walrosskälber, Beluga-Wale oder auch Kadaver. Notfalls auch Vögel, Eier, Beeren oder Tang.

Ihre Lebensgewohnheiten

Eisbären leben nomadisch. Sie sind im Winter aktiv. Ihre Jagdreviere werden nicht als Besitz beansprucht und verteidigt. Südliche Populationen, wie die der westlichen Hudson Bay, kommen im Sommer wohlgenährt an Land und fasten, bis das Meer im Spätherbst wieder zufriert. Eisbären sind Einzelgänger. Nur von März bis Mai, wenn Bärinnen in Hitze kommen, suchen männliche Bären nach Partnerinnen. Die befruchteten Eier einer Bärin nisten sich erst vier Monate nach der Zeugung ein.

Wie sie ihren Nachwuchs aufziehen

Die Fürsorge für den Nachwuchs ist Frauensache. Etwa im Dezember bringen Bärinnen bis zu drei Junge zur Welt. Die Kleinen wiegen knapp 500 Gramm. Genährt von der fetten Milch, wachsen sie rasch. Gehen sie im April mit der Mutter aufs Eis, beträgt ihr Gewicht 10 Kilo. Alles, was sie als arktische Jäger lernen müssen, bringt ihnen die Mutter bei. Junge Bären sind erst nach etwa 30 Monaten selbständig.

Woher Gefahr droht

Sechs von zehn Jungbären verhungern im ersten Jahr. Viele fallen auch männlichen Bären zum Opfer, die Heranwachsende angreifen und fressen.

Berggorillas

Kleine Psychologen

Eben noch hat er im Rücken den warmen Bauch gespürt und versucht wieder einzuschlafen, gewiegt von dem Gefühl vollkommener Geborgenheit. Aber wieder wird nichts daraus. Pünktlich mit dem Aufgang der Sonne ertönt das allzu vertraute Knistern und Krachen splitternder Zweige – als breche neben ihm ein Büffel durchs Dickicht. Die Pflanzenmatratze unter seinem Körper bekommt Schlagseite, und da rauscht auch schon die übliche Morgendusche auf ihn nieder; ein Schauer von Tropfen löst sich aus den überhängenden Zweigen: Sein Vater ist aufgestanden.

Der junge Primat, mit sechs Jahren so etwas wie ein Halbstarker, setzt sich auf und blinzelt über den Rand des Schlafnests. In der Mulde des 3000 Meter hoch gelegenen Hangs ruhen die Mitglieder seiner Familie in ihren Nestern wie schwarze Früchte in grünen Schoten. Die Augen des Jungen wandern zum Vater, der sich dicht neben ihm auf 1,75 Meter reckt, ein Berg von einem Gorilla. Nebelfetzen haben über Nacht Tauperlen in den Pelz des 180 Kilo schweren Kolosses gewoben. Fasziniert streift der Blick des Kindes über den Sattel aus weißgrauen Haaren, der den breiten Rücken seines Erzeugers bedeckt. Wie er es bewundert, dieses Abzeichen von Reife und Zeugungskraft. Es ist das Ergebnis eines Farbwechsels, der sich bei männlichen Gorillas vollzieht, wenn sie erwachsen sind, etwa doppelt so alt wie er jetzt. Sein Vater ist ein 22-jähriger Silberrücken.

Aber nicht irgendeiner. Schon gar nicht einer von den im Wald vagabundierenden Junggesellen. Nein: Sein Vater hat erreicht, wovon männliche Gorillas träumen. Er ist Anführer einer Gruppe von 20 Artgenossen: Tanten, Nichten, Neffen und vor allem eines Harems mit fünf Frauen samt den gemeinsamen Kindern. Sie alle werden von ihm beschützt – etwa gegen Überfälle fremder Silberrücken.

Dafür erwartet er, dass die Seinen ihn als Patriarchen respektieren und tun, was er für richtig hält. Jetzt zum Beispiel. Aus seiner Kehle steigt ein rülpsendes Räuspern. Gleich kommt

Bewegung in die Schlafgemeinschaft. Die Tiere schälen sich aus ihren Pflanzenbetten und folgen dem Silberrücken, der bereits am Waldrand wartet. Seit dem vorigen Nachmittag hat keines der Tiere etwas gegessen. Und der große Alpha, der täglich gut 30 Kilo Grünzeug verschlingt, ist besonders hungrig.

Dem Sechsjährigen ist klar: Es geht zum Sattel des Visokevulkans, in die Bambuszone. Die Familie wartet bereits begierig auf das Austreiben der Sprossen. Alle paar Tage wird die Entwicklung der saisonalen Delikatesse kontrolliert. Heute scheint der Silberrücken sich sicher, dass die ersten Spitzen reif sind.

Bestimmt kommt es wieder zum Streit um die dicksten Stängel. Auch das ist dem Sechsjährigen im Voraus klar. Wie jeder junge Gorilla wächst er hinein in ein Geflecht von Beziehungen, liest Stimmungen, ja sogar Pläne in den Gesichtern der ihm vertrauten Familienmitglieder. Und lernt, wie er selbst zwischen den Spannungsfeldern von 20 Individuen möglichst reibungslos seinen Weg findet. Er ist mittlerweile ein natürlicher Psychologe und kennt sich aus im heiklen Grenzland von Freundschaften, Feindschaften, Koalitionen und Blutsbanden. Er hat erfahren, wo unter der Haut der Normalität die Empfindlichkeiten wie Wunden schwären und bei unbedachten Berührungen aufbrechen.

Vor allem die älteste Frau in der Gruppe wird seiner Mutter beim Bambuspflücken zeigen, wer den höchsten Rang hat. Eine Rivalität, die zu den frühesten Erinnerungen des jungen Gorillas gehört. Als Baby ins Fell der Mutter geklammert, hat er bereits gespürt, wie sie sich anspannte und Angst empfand vor der Matriarchin und deren Kindern.

Damals war die Mutter des Sechsjährigen frisch eingewandert in die Gruppe. Angezogen von dem jungen Silberrücken, hatte sie ihre Familie verlassen und ihn als Mann gewählt. Den frostigen Empfang der Haremsfrauen hatte sie in Kauf genommen. Zumal der Silberrücken zu ihr stand, wenn die anderen sie anfangs beiseite drängten. Er nahm sie in Schutz, seine neue, die jüngste Frau. Und so ist es bis heute geblieben. Er schlichtet jeden aufflammenden Streit, sorgt für Frieden in der Familie.

Der junge Gorilla spürt, dass er ein Kind dieser Liebe ist. Fast täglich, so lange er zurückdenken kann, hat ihm der Vater seine Zuneigung gezeigt. Er erinnert sich, wie sich das ernste Gesicht des Alphas jedes Mal beim Anblick des Sohnes freundlich entspannte, wie der Große sich klein gemacht und dem Kleinen mit lächelnd geöffnetem Mund signalisiert hat, dass Spielzeit ist. Hoch oben auf seinem Nacken

*Mit acht Monaten kosten junge Gorillas schon mal, was um sie herum wächst.
Da sie von Geburt an ständig mit ihrer Mutter zusammen sind, lernen sie von ihr,
welche Pflanzen zum Gorillamenü gehören. Geschickt pflückt das Kind die jungen Blätter einer Galiumranke.*

Frische Bambustriebe gelten bei Berggorillas als Delikatesse. Die Familientrupps machen regelmäßig Ausflüge in die Bambuszone der Virungavulkane und prüfen, ob neue Spitzen aus dem Boden stechen. Manchmal graben sie die saftigen Stängel auch aus.

ließ der Silberrücken den Einjährigen reiten. Und als Zweijähriger durfte er sogar wagen, dem Chef mit seiner kleinen Faust auf die blanke ledrige Nase zu boxen, ohne für diese Respektlosigkeit mit einem Grunzer ermahnt zu werden.

Neugierig geht der Sechsjährige hinüber zu seiner Mutter und neigt sich über den Säugling, der in der Beuge ihres Arms ruht. Die Gorillafrau bleibt noch ein wenig sitzen, ihrem Neugeborenen zuliebe, einer kleinen Tochter. Der Bruder kann sich an dem Baby nicht satt sehen. Die riesigen Nasenlöcher, die rosa-graue Haut, die spindeldürren Gliedmaßen – alles entzückt ihn. Fasziniert verfolgt er, wie der Kopf der Kleinen mit dem wild emporstehenden Lockenschopf suchend umherpendelt, bis die Wange eine Brustwarze streift. Sofort öffnet sich der Mund und umschließt die Milchquelle. Mit tiefen Zügen saugt die Kleine den Lebenssaft. Eine Minute später schläft sie ein.

Seit die Schwester eine Woche zuvor auf die Welt gekommen ist und wie alle Gorillababys in den ersten sechs Monaten ständig am Körper der Mutter ruht, muss ihr der Bruder seinen Platz im mütterlichen Schlafnest überlassen. Andere Kinder seiner Gruppe schlafen schon seit dem dritten Lebensjahr allein. Aber das Verhältnis des jungen Gorillas zu seiner Mutter ist besonders eng, und selbst die späte Trennung ist ihm so schwer gefallen, dass der Vater ihn für einige Nächte bei sich aufgenommen hat. Aber demnächst wird der Sechsjährige wohl sein Bett selber bauen und fortan allein darin schlafen.

Zunächst läuft der Sechsjährige neben seiner Mutter her, die mit einem Arm das an ihre Bauchhaare geklammerte Baby stützt, während sie der Gruppe folgt. Doch bald wird dem jungen Gorilla das gemächliche Tempo zu langweilig. Er rennt, ein paar andere Kinder mit Klapsen anspornend, den Hang hinauf, lässt sich auf dem höchsten Punkt ins Grün fallen und rollt, vor Vergnügen kreischend, die Bergflanke hinunter. Drei Halbwüchsige stürzen hinter ihm her, bis alle in einem Knäuel schwarzer Leiber übereinander liegen. Und schon geht es wieder von vorn los.

Am Bambushain kommt es, wie der Sechsjährige befürchtet hat. Nur wenige der fleischigen Spitzen schauen heraus. Genug für alle, aber nicht genug zum Sattessen. Seine Mutter greift nach dem ersten Schössling, aber die Matriarchin hat sich denselben ausgesucht. Beide Frauen grunzen drohend, jede zerrt an dem dicken Stängel. Doch schon ist der Silberrücken zur Stelle. Allein seine kraftstrotzende Gegenwart und ein unwilliger Laut aus seiner Kehle stellen augenblicklich Ruhe her. Die Matriarchin zieht ihre Hand zurück und fasst, als hätte sie sich nur vergriffen, mit Unschuldsmiene nach einem anderen Bambustrieb.

Den jungen Gorilla beeindruckt, mit welcher Ruhe der Vater solche Konflikte schlichtet. Jeder in der Gruppe vertraut letztlich auf den Gerechtigkeitssinn des Silberrückens. Stets verteidigt er die Benachteiligten. Das gilt besonders für zugewanderte Frauen, die in der neuen Familie keinen Anhang haben. Müssten sie bei Streitigkeiten mit dem Establishment immer zurückstecken, würden sie die Gruppe verlassen. Auf die Dauer würde das die Position des Silberrückens schwächen und seine Aussichten schmälern, Vater möglichst vieler Nachkommen zu werden.

Als die knackige Vorspeise abgeerntet ist, zieht die Gruppe zur Brennnesselzone, wo sich alle im Gelände verteilen und zwei Stunden lang dem Hauptgang widmen.

Berggorillas haben sich an den Virungavulkanen einen exklusiven Lebensraum erobert. Zwar fehlen Früchte fast ganz. Aber dafür können sie wählen unter mehr als 60 essbaren Pflanzenarten, deren Blätter und markreiche Stängel reich sind an Proteinen und Spurenelementen. Diese Fülle des Angebots schließt Futterneid im Grunde aus – besondere Leckerbissen ausgenommen – und begünstigt stabile Verbände. Ein Luxus, den nur wenige Tierarten genießen.

Berggorillas leben wie in einer Salatschüssel. Allerdings geben die begehrten Pflanzen ihre gespeicherten Vorräte nicht kampflos preis. Baumrinden müssen mit Kieferkraft aufgebrochen werden, ehe die Tiere an die dort eingebohrten Insektenlarven herankommen.

Andere Gewächse verlangen manipulatives Geschick beim Zusammenspiel der Hände, der einzelnen Finger, der scharfen Eckzähne.

Über 40 Griffe müssen in der korrekten Reihenfolge ausgeführt werden, um die Blätter von den besonders scharf bewaffneten Brennnesselstängeln abzustreifen, aufeinanderzustapeln und festzuhalten. Dabei berühren die Primaten nur die nesselarme Blattunterseite mit der Hand. Zum Schluss wird der Stapel mit einem Abschlussblatt umwickelt, die zahme Fläche nach außen, und als Ganzes in den Mund gesteckt.

Vegetationsbruch rieselt auf die ins Fell ihrer Mütter geklammerten Babys. Von früh an erleben sie, welche Pflanzen essbar sind, wie sie duften und wie viel Aufwand nötig ist, bis eine Portion zubereitet ist. Mit etwa sechs Monaten beginnen die Kleinen, von den Pflanzen zu kosten.

Junge Gorillas spielen ausgelassen und erfinden gern kleine Wettkämpfe.
Den beiden Kindern kommt es darauf an, sich selbst mit beiden Händen abwechselnd auf den Kopf zu schlagen.
Der etwas ältere Vierjährige kann sich über die Szene nur wundern.

Auch wenn die beiden Jugendlichen recht heftig miteinander balgen und ihre Kräfte messen – die entspannte Miene des einen verrät, dass sich die beiden nur zum Spaß an den Haaren reißen.

Später lernen sie das Repertoire der Zubereitung durch Beobachten und Nachahmen. Sind sie als Vierjährige entwöhnt, beherrschen sie die in ihrer Gruppe gängigen Kniffe, können selbständig ihre Lieblingsgerichte »entwaffnen«.

Vom Ast eines Hagenia-Baumes aus verfolgt der junge Gorilla staunend, wie die neue Frau in der Gruppe ihre Brennnesseln hinunterzuschlingen versucht. Immer wieder verzieht sie das Gesicht, wenn es mit den Blatträndern in Berührung kommt. Und das geschieht bei jedem Bissen. Sie schafft es nicht, das Laub ordentlich zu bündeln, der rechten und der linken Hand unterschiedliche Rollen zuzuweisen. Zu Knäueln geballt steckt sie sich abgerissene Pflanzenspitzen in den Mund. Das etwa zwei Monate alte Baby an ihrer Brust duckt sich immer wieder vor den hinunterflatternden Nesselresten.

Offenbar stammt die Gorillafrau aus einem Teil des Nebelwalds, in dem keine Brennnesseln gedeihen. Daher konnte sie die richtige Erntetechnik von ihrer Mutter nicht lernen. Und in der neuen Familie von Nesselschlemmern lässt sich das nicht nachholen. Denn Berggorillas halten beim Essen etwa 30 Meter Abstand, um sich beim Weiden aus dem Weg zu gehen. In dem dicht überwucherten, bergigen Terrain verlieren sie einander aus den Augen, nur an den Geräuschen hören sie, dass die Familie in der Nähe ist.

Umso dichter rücken sie während der Mittagsruhe zusammen, der Zeit fürs Soziale. Jetzt haben die Primaten Muße, können Spannungen ausbügeln, Beziehungen stärken, mit den Kindern spielen oder ihnen entspannt zusehen. Ein Netz zärtlicher Aufmerksamkeiten umspinnt den Silberrücken. Die Frauen bauen ihre Tagesnester in seiner Nähe, pflegen ausgiebig sein Fell, lassen ihn fühlen, wie sehr sie ihn schätzen, auf ihn als Beschützer bauen. Die Jugendlichen tollen um ihn herum und versuchen, ihn zum Mitspielen zu animieren. Aber er gibt seine Wächterrolle nur kurz auf, um das Kleine der neuen Frau an seinem dicken Finger schaukeln zu lassen.

Alle erwachsenen Tiere tolerieren das ausgelassene Toben des Nachwuchses, auch wenn ihre großen Körper dabei als Turngerät benutzt werden. Die Fürsorge der Primaten verrät, wie gefährdet ihre Babys sind. Nur die Hälfte aller Gorillakinder erreicht das dritte Lebensjahr. Viele sterben an Atemwegsinfekten. Die meisten aber fallen den Angriffen fremder Silberrücken zum Opfer, die empfängnisbereite Frauen entführen wollen, nicht Mütter mit Kindern.

Der junge Gorilla möchte sich das Kleine der neuen Frau gern aus der Nähe ansehen. Aber da er im Sozialkundeunterricht aufgepasst hat, weiß er, dass er nicht direkt auf das Schlafnest der Fremden zugehen darf. Noch immer fühlt sie sich unsicher. Der Sechsjährige kann sich vorstellen, was in ihr vorgeht. Damit sie seine Neugier nicht als Angriff missversteht, versucht er es mit einer Taktik. Er baut sich ein Schlafnest, etwa acht Meter von ihr entfernt. Ein paar Minuten lang setzt er sich hinein. Dann steht er auf, rückt einen Meter dichter zu ihr hin und baut das nächste Nest. Nichts könnte harmloser sein. Etwa 40 Minuten und sechs Nester später sitzt er dicht neben der neuen Frau und schaut ihrem wuschelköpfigen Säugling direkt in die blanken Augen.

Der Tag ist sonnig, der Nebel längst verflogen. Der Sechsjährige lehnt sich zurück in seinem Nest und genießt die Wärme in seinem schwarzen Fell. Ihm ist, als habe er sich noch nie so gut gefühlt. Um ihn versammelt ist seine Familie. Sein Vater wacht über alle. Er selbst ist wohlig satt. Er spürt, wie ihm ein Laut aus dem Bauch emporsteigt, immer höher, bis er durch die Kehle hinausfliegt in die helle Luft. Es ist ein Summen oder Brummen oder Jaulen, eine Mischung von hohen und tiefen Tönen. Und plötzlich hört er von rechts und links ähnliche Stimmen, den raunenden Chor von 20 zufriedenen Tieren. ■

Wo Berggorillas durch den Nebelwald gezogen sind, ist die Vegetation hinterher stark mitgenommen. Die starken Primaten brechen sogar Stämme um, weil sie an die Markschicht herankommen wollen. Aber binnen Wochen haben sich die Pflanzen wieder erholt, ist die Narbe im Grün überwuchert.

Auch ein einjähriger Gorilla kennt schon das Repertoire männlichen Imponiergehabes. Wenn benachbarte Großfamilien im Wald aufeinandertreffen, demonstrieren deren Patriarchen einander, wie stark sie sich fühlen. Sie richten sich zu voller Größe auf und schlagen sich mit den Händen auf die Brust.

Berggorillas – auf einen Blick

Ihr Platz im Tierreich

- Sie gehören zum Stamm der Wirbeltiere
- zur Klasse der Säugetiere
- zur Ordnung der Primaten
- zur Familie der Menschenaffen

Ihr wissenschaftlicher Artname

Gorilla gorilla beringei

Mit wem sie verwandt sind

Berggorillas sind eine von drei Gorilla-Unterarten, die in verschiedenen geografischen Regionen Äquatorialafrikas leben. Wie Orang-Utans, Schimpansen und Bonobos gehören Gorillas zu den großen Menschenaffen. Sie haben sich vor zehn Millionen Jahren aus dem Stamm der afrikanischen Altweltaffen entwickelt. Nur drei Millionen Jahre später brachte derselbe Stamm eine weitere Linie hervor – die der Menschen.

Wo sie zu Hause sind (Individuenzahl)

Berggorillas (700) leben an den Nebelwaldhängen der Virungavulkane in Uganda, Ruanda und der Demokratischen Republik Kongo. Unter den großen Primaten sind sie die einzigen, die sich diese extreme Vegetationszone in 3500 Metern Höhe erschlossen haben.

Der vermessene Berggorilla

- Männliche Tiere sind fast doppelt so mächtig wie weibliche. Richten Silberrücken sich aus dem Knöchelgang auf, erreichen sie eine **Körpergröße** von gut 180 Zentimetern, weibliche Tiere dagegen werden nur 150 Zentimeter groß.
- Noch extremer sind die Unterschiede beim **Gewicht**. Männer bringen es auf 230 Kilo und mehr, Frauen gewöhnlich nur auf 70 bis 100 Kilo.
- Das **Wohngebiet** einer Gorillafamilie umfasst selten mehr als acht Quadratkilometer.
- **Geschlechtsreif** werden weibliche Gorillas im Alter von neun Jahren, Männer erst ab dem zwölften Lebensjahr.
- Die **Lebenserwartung** von Berggorillas beträgt 35 bis 50 Jahre.

Wie sie aussehen

Berggorillas zählen zu den mächtigsten Primaten. Ihre Haut ist schwarz und im Gesicht, an den Händen und Fußsohlen haarlos. Überall sonst haben sie ein dichtes, seidiges Fell von schwarz-blauer oder grau-brauner Farbe. Sie sind robust und untersetzt gebaut, ihr Leib ist mächtig; die Gliedmaßen sind muskulös und kurz. Sie haben kräftige Hände und Füße, mit denen sie geschickt greifen und manipulieren können, weil ihre Daumen ebenso wie die großen Zehen »opponierbar« sind. Das heißt: Sie können der Hand- bzw. Fußfläche gegenübergestellt werden. Beim Gehen stützen Gorillas ihren schweren Oberkörper auf die Knöchel ihrer nach innen gerollten Finger. Gorillamänner werden zu sogenannten Silberrücken, wenn sie etwa ab dem zwölften Lebensjahr geschlechtsreif sind: von nun an zieht sich ein breiter Sattel weißer Haare vom Rücken die Flanken hinab.

Wie sie sich ernähren

Berggorillas leben fast ausschließlich von Pflanzen. Die Hälfte ihres Zwölfstundentages, von sechs Uhr morgens bis sechs Uhr abends, verbringen sie mit Fressen: Blätter, Stängel, Sprossen, Samen, Bambusschösslinge, Sellerie, Brennnesseln, Galiumranken – Teile von über 60 Vegetationsarten – bilden ihre Hauptkost. Früchte und Insektenlarven oder Ameisen sind seltene Delikatessen. Erwachsene Männer vertilgen täglich bis zu 40 Kilo Grünzeug, Frauen kommen mit 20 Kilo aus.

Ihre Lebensgewohnheiten

Berggorillas leben in Familien mit 10 bis 30 Mitgliedern. Die Beziehung zwischen mehreren Frauen und dem Silberrücken hält die Gruppe zusammen. Er ist gewöhnlich der Erzeuger aller Neugeborenen und duldet neben sich gewöhnlich nur Schwarzrücken, junge Männer, die noch nicht erwachsen sind. Silberrücken sind die unangefochtenen Führer ihrer Gruppe, die sie mit ihrem Leben verteidigen. Junge Frauen und Männer verlassen ihre Familie, kurz bevor sie geschlechtsreif sind. Frauen schließen sich anderen Gruppen an. Männer streifen als Junggesellen umher auf der Suche nach Frauen, um mit ihnen eine eigene Familie zu gründen.

Wie sie ihren Nachwuchs aufziehen

Die ersten Monate lebt ein Neugeborenes in ständigem Kontakt mit der Mutter. Mit fünf Monaten können die Kleinen laufen, mit acht Monaten ernähren sie sich regelmäßig von Pflanzen, werden aber bis zum dritten Lebensjahr gesäugt. Auch wenn Gorillakinder später selbständig sind, bleibt das Band zur Mutter bestimmend. Von ihr lernen sie, welche Pflanzen essbar sind und wie sie deren Waffen mit den richtigen Handgriffen unschädlich machen. Die zweitwichtigste Beziehung im Leben aller jungen Gorillas ist die zum Chef der Gruppe, ihrem Vater. Er ist ihr Beschützer und ihre Autorität. Von allen anderen Gruppenmitgliedern lernen Gorillakinder die Regeln des Zusammenlebens. Sie werden zu sozialen, einfühlsamen Wesen erzogen.

Woher Gefahr droht

Silberrücken ohne Familie vagabundieren durch den Dschungel und versuchen, Frauen zu rauben. Notfalls mit Gewalt. Die Babys der Entführten werden gewöhnlich getötet, damit der neue Mann so bald wie möglich eigenen Nachwuchs zeugen kann. Wilderer töten Gorillas, um ihr Fleisch als »Bush Meat« zu verkaufen.

Nach dem Fressen, das etwa die Hälfte eines Gorillatages in Anspruch nimmt, rasten die Mitglieder der Familie gemeinschaftlich. Die Jugendlichen nutzen die entspannte Stimmung, um beim freundschaftlichen Rangeln möglichst engen Körperkontakt herzustellen.

Während der Mittagsruhe pflegen die Mitglieder einer Gruppe ihre Beziehungen. Ausdauerndes Kraulen stiftet Vertrauen, wie schon der Zweijährige weiß, der einem acht Monate alten Kind das weiche Fell pflegt.

Mitten im Toben wirft sich ein Gorillakind ins üppige Grün und blickt auffordernd zu seinen Genossen. Denen ist sofort klar, was der Kleine sich wünscht: Kraulen, Kitzeln, Kämmen – innigen Körperkontakt mit einem nahen Verwandten aus dem Clan, am liebsten mit der Mutter.

Die quer über den Nasenkamm verlaufenden Furchen sind bei jedem Gorilla in einem etwas anderen Muster angeordnet.
Feldforscher benutzen solche »Nasenabdrücke« als typisches Merkmal und tragen sie in ihre Kennkarten ein.
Mit deren Hilfe können sie einzelne Tiere präzise voneinander unterscheiden.

Der Fotograf im Feld

KAISERPINGUINE, Snow Hill Island, Antarktis

Zugegeben: Die Anfahrt ist weit. Aber hat man erst Ushuaia an der Südspitze Argentiniens erreicht und befindet sich an Bord des Eisbrechers »Kapitan Khlebnikov«, kann man alles weitere den Antarktis-Profis der »Quark Expeditions« überlassen. Die Reiseunternehmer haben 2004 die Kaiserpinguin-Kolonie auf Snow Hill Island im Weddellmeer als Erste entdeckt. Ihr Eisbrecher nähert sich dem Brutgebiet bis auf etwa zehn Meilen. Es folgt ein etwa halbstündiger Flug mit dem Hubschrauber zum Landeplatz und Basecamp. Von dort aus geht es zu Fuß weiter, etwa 45 Minuten lang. Dann steht man schon vor den ersten Kundschaftern der Pinguinkolonie. Die Vögel sind furchtlos, neugierig und nach kurzer Zeit so zutraulich, dass es schwierig wird, nicht ständig Nahaufnahmen von Schnäbeln oder Vogelaugen zu machen. Mindestens so verblüffend wie die Pinguine selbst in förmlich wirkendem Schwarz-Weiß ist das Geschrei aus Tausenden von Vogelkehlen.

Die Kälte ist in der oktoberlichen Antarktis weniger ein Problem gewesen als die Wärme. Sonnenschutz ist unentbehrlich, denn Gletscher und Eisdecke reflektieren die Sonnenstrahlen.

Das beste Fotolicht entsteht bei bedecktem Himmel und in den frühen und späten Stunden des Tages.

EISBÄREN, Wapusk National Park, Kanada

Das Ziel ist entlegen. Ein eingeschneiter Zaunpfahl mitten in der Tundra kennzeichnet die Haltestelle von Chesnaye, zwei Bahnstunden hinter Churchill. Gut, dass dort schon das Snowmobil des Trekking-Teams wartet. 30 Minuten später erreicht man die »Wat'chee Lodge«, eine ehemalige Militärbaracke, die zur Basisstation für Besucher im Nationalpark ausgebaut worden ist. Von dort aus werden Touren ins Schutzgebiet und zu den Geburtshöhlen organisiert. Fährtenleser halten Kontakt zum Wat'chee-Team und übermitteln per Satellitentelefon die aktuellen GPS-Daten von Müttern, die mit ihren Jungen die Höhle verlassen. Wer fotografieren will, braucht ein starkes Teleobjektiv von etwa 600 mm. Denn die Mindestdistanz von 100 Metern zu den Bären muss stets eingehalten werden. Die Tiere sind nicht scheu, sondern legen oder stellen sich gemächlich in Pose. Das Hauptproblem ist die Kälte: Minus 40 Grad Celsius Lufttemperatur und strenge Nordwinde durchdringen nach fünf Stunden auch die dickste Daunenjacke. Dass der Film reißen könnte, muss dank digitaler Kameratechnik heute niemand mehr befürchten. Den Batterieakku aber sollte man alle 30 Minuten gegen einen warmen aus der Jacke austauschen.

Und: niemals ohne Handschuhe (ohnehin ein MUSS!) die Metallteile der Fotoausrüstung anfassen; niemals ohne Maske die Kamera ans Gesicht pressen.

BERGGORILLAS, Parc National des Volcans, Ruanda

Ausgangspunkt der Berggorilla-Touren ist Ruhengeri, ein geschäftiger Ort in 1700 Metern Höhe. Er ist von der Hauptstadt Kigali aus in 90 Minuten Fahrzeit zu erreichen. Im Park leben sieben »habituierte« Gorillagruppen. Das heißt: Die Tiere sind an Menschen gewöhnt. Spurenleser kundschaften den Aufenthaltsort der einzelnen Gorillatrupps aus und melden ihn bei Tagesbeginn zum Parkeingang. Dort werden die Besucher – nie mehr als 56 – den sieben Primatengruppen zugeordnet. Pro Gorillagruppe sind höchstens acht menschliche Beobachter zugelassen. Die Besuchszeit ist auf eine Stunde begrenzt. Der Marsch zu den wilden Verwandten an den Hängen der Vulkane kann bis in 3500 Meter Höhe führen und 20 Minuten bis sechs Stunden dauern. Die Wege sind matschig, steil und teilweise von Brennnesseln gesäumt. Handschuhe sind unerlässlich. Die Temperatur im Nebelwald liegt tagsüber bei 30 Grad Celsius. Trotz aller Anstrengungen ist die Begegnung mit den größten aller Primaten ein bewegendes Erlebnis, ein Blick auf die eigenen biologischen Wurzeln. Auch wenn die menschlichen Besucher sieben Meter Abstand halten sollen – die Menschenaffen fühlen sich an diese Regel nicht gebunden. Gelegentlich siegt die Neugier der Gorillakinder, oder sie teilen hier und da einen spielerischen Klaps aus. Das größte fotografische Problem ist die Sonne. Bei vollem Licht sind die Blätter strahlend weiß, die Gorillas schwarz. Frühmorgens und Nachmittags oder bei bedecktem Himmel sind die Chancen am besten.

GEPARDE, Khomas-Hochland, Namibia

Das hügelige Hochland der zentralen Region mit der Hauptstadt Windhoek ist, wie beinahe überall in Namibia, aufgeteilt in Farmen. Freie Wildnisgebiete existieren praktisch nicht mehr. So leben die rund 2500 westafrikanischen Geparden notgedrungen in Koexistenz mit dem Vieh der Farmer innerhalb umzäunter Grundstücke – die allerdings rund 20 000 Hektar groß sein können. Einige Farmer dulden Geparde. Andere führen sogar Gästefarmen, auf denen Besucher Geparde beobachten können. Diese Katzen sind an Menschen gewöhnt, werden von den Farmern sogar mit etwas Fleisch versorgt. Auf der von mir besuchten Farm arbeitet seit 30 Jahren ein Spurenleser, der Besuchern dabei hilft, einzelne Katzen zu finden. Durch ihn wusste ich von einer Gepardin mit vier Jungen. Eine Woche zeltete ich in der Nähe ihres Verstecks, bis die Kleinen so zutraulich waren, dass sie aus dem hohen Gras hervorkamen und neugierig näher kamen. Bald spielten sie sogar mit den Schnürsenkeln meiner Schuhe. Die Mutter lag wachsam in der Nähe, empfand mich aber nicht als Bedrohung.

In der Zeit kurz vor und zwei Stunden nach Sonnenaufgang war das Fotolicht am besten.

GRAUE RIESENKÄNGURUS, Wilsons Promentory National Park, Murramarang National Park, Kangaroo Island, Australien

In den Nationalparks von Ostaustralien, aber auch in den ariden Regionen des Hinterlands leben Millionen von Grauen Riesenkängurus. Am wenigsten scheu sind sie in den Reservaten, wo sie nicht geschossen werden dürfen. Auf Kangaroo Island waren sie so zutraulich, dass ich mich in ihre Gruppe aufgenommen fühlte. Eines Abends überquerte ich den Campingplatz, als sich mir eine Pfote auf die Schulter legte. Von nun an kam »mein« Känguru täglich bei Einbruch der Dämmerung zum Camper und verbrachte mit mir ein paar Stunden. Gemüse- und Salatreste festigten die Beziehung. Konkurrenten hielt mein neuer Freund mit den berühmten Boxhieben auf Abstand. Tagsüber hüpfte eine Kängurumutter mit ihrem Jungen herbei, um sich meine Gegenlichtblende ganz aus der Nähe anzusehen.

INDISCHE TIGER, Bandhavgarh Tiger Reserve, Indien

Die Anfahrt ist denkbar einfach. Von Delhi geht ein Nachtzug bis Umaria im Bundesstaat Madhya Pradesh. In 30 Autominuten ist der Park dann erreicht. Er ist 1131 Quadratkilometer groß, war ehemals Jagd-Reservat des Maharadschas von Rewa und steht seit 1968 unter Naturschutz. Der Park gilt als der tigerreichste Indiens. Von November bis Juni ist die beste Zeit, um Tiger zu sehen – auch Mütter mit ihren Jungen. Oft liegen sie nur träge da oder schmusen nach Katzenart. Tiger am Riss oder beim Baden in einem der vielen Wasserlöcher gehören zu den aufregenderen Naturschauspielen, an denen dieser Park reich ist. Alle Touren finden in Begleitung geschulter und kundiger Interpreten und Wächter statt. Morgens und abends können Besucher in Geländefahrzeugen oder auf Elefanten bestimmte Teile des Schutzgebiets besuchen. Während der heißen Mittagsstunden brauchen Wildtiere und Besucher eine Pause. Beim Fotografieren nützen Stative wenig, wenn das Fahrzeug oder der Elefant schwankt. Bohnensäcke sind die beste Lösung, um das Wackeln in Grenzen zu halten. Und gute Nerven können auch nicht schaden. Denn die mächtigen Tiger sind sehr selbstbewusst und blicken einem direkt ins Gesicht, manchmal aus wenigen Metern Distanz.

Meine Fotoausrüstung

1) Verschiedene Objektive und Kameras der Firma Canon, zum Beispiel:
Kamera Canon EOS 1DS MKII, EOS 1D MKII, EOS 1DS, EOS 5D, EOS 10D, EOS 1 V; EF 15 mm/2,8 Fisheye, EF 16-35 mm/2,8 L, EF 24-70 mm/2,8 L; TSE-24 mm/3,5 EF 70-200 mm/2,8 IS L, EF 100-400 mm 4,5-5,6 IS L, EF 300 mm/2,8 IS L, EF 500 mm/4,0 IS L, EF 600 mm/4,0 IS L; Telekonverter 1,4 x und 2,0 x und Blitze 550EX und 580EX.

2) Technische Hilfsmittel:
Ein Karbonstativ von Heiler mit einem Wimberly Head; ein Bohnensack im Format 30 x 30 cm; faltbare Sonnenblenden von Rainer Burzynski; Speicherkarten von 1 GB bis 8 GB; ein mobiler Festplattenspeicher Rugged 160 GB von LACIE; ein Laptop MAC Powerbook G4 samt wasserdichtem Pelikoffer und Rucksäcke von ThinkTank.

Schutz für wilde Tierkinder

Alle Pläne, die Anreise, der Einsatz von Finanzen, Fahrern, Führern, Fachwissen wären vergeblich, würden die Hauptbeteiligten sich weigern aufzutreten. Nur weil die Tiere der Wildnis menschliche Zuschauer dulden bei ihren Alltagsbeschäftigungen, weil sie großzügig die neugierigen Augen und Kameraobjektive ignorieren, kann es gelingen, intime Bild- und Textgeschichten über ihr Privatleben zu erzählen. Nur weil es in der Nachbarschaft der Menschen noch letzte Refugien gibt für Eisbären, Indische Tiger, Berggorillas, Geparde, Graue Riesenkängurus und Kaiserpinguine, können Projekte wie diese gelingen.

Nicht allen sechs vorgestellten Arten geht es gut. Zwar weiden Graue Riesenkängurus zu Millionen durch Australiens Osten, aber sie werden auch zu Millionen abgeschossen. Die Populationen der Kaiserpinguine addieren sich zu 200 000 Individuen, die der Eisbären zu gut 20 000. Aber solche Zahlen sollten uns nicht täuschen. Der Einfluss der Klimaerwärmung (Informationen dazu beim Internationalen Polarjahr *http://www.ipy.org*) erreicht auch die entlegensten Wildnisse, lässt Brutplätze zu früh schmelzen, Jagdgebiete im Meer versinken, gefährdet den Nachwuchs auf Jahre hinaus.

Bei den Berggorillas, den Indischen Tigern, den Geparden ist die Bestandssituation viel bedrohlicher, kommt es auf jedes überlebende Jungtier an, das die schwindenden Populationen stärkt.

Fazit: Es gibt Grund, sich um sämtliche hier vorgestellten Arten und ihren Nachwuchs zu sorgen. Aber es gibt auch die Möglichkeit, etwas für sie zu tun. Professionelle Helfer, Mitarbeiter von nationalen und internationalen Schutzorganisationen setzen sich vor Ort ein, um diese Stellvertreter unserer biologischen Vielfalt und ihre nächsten Verwandten zu erhalten.

Wer die Naturschützer bei ihren Anstrengungen finanziell unterstützen oder über ihre Arbeit mehr erfahren möchte, kann unter den hier aufgeführten Adressen nähere Auskunft erhalten:

INDISCHE TIGER

Die Organisation »Terre et Faune« verfolgt vor Ort zwei Ziele: Sie stattet Schutzpatrouillen im Park mit Mofas und Autos aus, um Wilderer abzuschrecken. Und sie ersetzt den armen Bauern rings um das Tiger Reserve den Schaden, wenn Tiger sich bei deren Ziegen bedienen. So wächst in der Bevölkerung die Bereitschaft, die Tiger leben zu lassen, weil die Tiger auch sie leben lassen. ➡ ***www.terre-et-faune.org***

BERGGORILLAS

Die Gefahr für die Berggorilla-Populationen ist am größten im Virunga-Nationalpark, wo immer wieder bewaffnete Milizen und Armeeangehörige wildern. Um die Menschenaffen vor solchen Überfällen zu schützen, ist eine schlagkräftige Ranger-Spezialeinheit ausgebildet worden. An der Finanzierung ihres Trainings beteiligt sich die Zoologische Gesellschaft Frankfurt (ZGF). ➡ ***www.zgf.de***

GEPARDE

In Namibia lebt eine große Population dieser schnellen Katzen. Und wenn immer mehr Farmer heute bereit sind, Geparde um der Touristen willen auf ihrem Land zu dulden, ist das Laurie Marker zu verdanken. Vor 17 Jahren hat sie die Schutzorganisation »Cheetah Conservation Fund« gegründet und durch Aufklärungsarbeit und praktische Vorschläge viele Farmer überzeugen können. Statt die Katzen zu schießen, haben die Farmer sich Anatolische Wachhunde angeschafft. Sie wirken abschreckend auf die Geparde, ohne ihnen ein Leid zuzufügen.
➡ ***www.cheetah.org***

Danksagung

Viele Menschen haben mitgeholfen, dieses Buch auf die Welt zu bringen. Am meisten danke ich Steffi. Sie hat zu Hause die Stellung gehalten, während ich von Schauplatz zu Schauplatz jettete. Und bei jeder Zwischenlandung in Deutschland servierte sie mir die tollste Pizza nördlich der Alpen. Neben der Arbeit für ihre eigene Agentur hat Alex das Buch gestaltet, meinen Bildern mit untrüglichem Sinn für Grafik und Layout eine wunderbare Bühne geschaffen und mich immer wieder mit neuen Ideen begeistert. Uta hat zu meinen Fotos die Worte gefunden, die unsichtbar darin verborgen sind. Ihr ist, um in der Sprache der Biologie zu bleiben, ein großer Wurf gelungen, dem hoffentlich noch weitere gemeinsame Projekte folgen werden.

Gerhard Grubbe gibt mir das Gefühl, im C. J. Bucher Verlag zu Hause zu sein. Er lässt sich von meinen Buch-Ideen entzünden und verschafft mir die Möglichkeit, sie in einem schönen Rahmen zu verwirklichen. Ihm und sämtlichen mit diesem Buch befassten Mitarbeitern des Verlags danke ich für ihre freundliche Unterstützung.

Ebenfalls zu Dank verpflichtet fühle ich mich gegenüber Ruth Eichhorn, der Direktorin für Fotografie bei der Zeitschrift GEO, die das Vorwort für die deutsche Ausgabe verfasst hat, und Sophie Stafford, der Chefredakteurin von BBC WILDLIFE Magazine, die das Vorwort der englischen Ausgabe geschrieben hat.

Ich danke dem gesamten Canon Team für seine Unterstützung und den verlässlichen Service an meinem Equipment.

Tief empfundene Dankbarkeit schulde ich all jenen, die mir unterwegs mit ihrem Wissen, ihrer Zeit, ihrem Einsatz geholfen haben, den Tieren in der Wildnis zu begegnen und meine Bilder zu machen. Die großzügige Hilfe folgender Personen und Institutionen möchte ich ausdrücklich würdigen:

- In Kanada: Morris und Michael Spence, die besten Guides, Eisbärenkenner und Freunde, und deren beider Familien; Lawreen Reid für die verlässliche Organisation; das Trekking-Team der Wat'chee Lodge; die Parkranger des Wapusk National Park.
- In der Antarktis: Jonas, Danielle, Jaclyn, Mick, Tim, Akos, Jason, Damien, Saskia und der Crew der »Kapitan Khlebnikov« von Quark Expeditions.
- In Australien: der Chef des Flinders Chase National Park und seine Ranger.
- In Indien: Rajvardhan Sharma, Manager des Nature Heritage Resort und Tigerexperte seit 20 Jahren; Bablu und Pappu, die Fahrer; Daya Ram, der Mahut; Field Director Assem Shrivastava vom Bandhavgarh Tiger Reserve sowie alle Forest Department Guides; Shalini Shukla für perfekt organisierte Reisen.
- In Ruanda: die Verantwortlichen der Nationalparkverwaltung Parc de Volcans, Samuel Gasana, der Fahrer; Diogène Kwizera und François Bigirimana, die Führer; Dieter Müller von Duma Reisen für die Organisation.
- In Namibia: der Farmer Johann Vaatz; Elias, der Spurenleser; Dieter und Dongina Risser von Ondjamba Safaris für die Organisation.

Impressum

Der Fotograf

Thorsten Milse ist ein international bekannter Natur- und Tierfotograf. Mit seinen Fotos von jungen Eisbären (*Kleine Eisbären* im C. J. Bucher Verlag) gewann er den Grand Prize beim amerikanischen Naturfotowettbewerb *Nature's Best* und einen Preis beim renommierten *BBC Wildlife Photographer of the Year*. Er veröffentlicht u. a. in Magazinen wie *GEO, BBC Wildlife* und *Illustreret Videnskab*. Seine Fotos werden von internationalen Bildagenturen vermarktet und erscheinen weltweit in Büchern und Kalendern.

Die Autorin

Uta Henschel hat deutsche und englische Literatur studiert und schreibt seit 1978 über naturwissenschaftliche Themen. Ihre Schwerpunkte sind Biologie, Evolution und Verhalten. Sie ist Verfasserin mehrerer Bücher. Einzelne ihrer Texte erscheinen regelmäßig in bekannten Zeitschriften wie *GEO*. Im Jahr 2002 erhielt sie den *Publizistik-Preis* der *Deutschen Stiftung Gesundheit*, und 2007 wurde sie nominiert für den *Henry-Nannen-Preis*.

Bildnachweis

Seite 138: © Stephanie Weber (2), Prem, Martin Eisenhawer, Diogène Kwizera
Umschlagklappe: © Stephanie Weber, Ron Moorhouse

Alle anderen Bilder stammen von © Thorsten Milse.
www.wildlifephotography.de

Mit freundlicher Unterstützung von
Canon Deutschland GmbH, Professional Imaging

CPS

Alle Angaben dieses Werkes wurden von den Autoren sorgfältig recherchiert und auf den aktuellen Stand gebracht sowie vom Verlag geprüft. Für die Richtigkeit der Angaben kann jedoch keine Haftung übernommen werden. Für Hinweise und Anregungen sind wir dankbar. Zuschriften bitte an den:

C. J. Bucher Verlag, Produktmanagement
Innsbrucker Ring 15, 81673 München
E-Mail: lektorat@bucher-verlag.de

Projektleitung: Gerhard Grubbe
Produktmanagement und Redaktion: Dr. Birgit Kneip
Gestaltung und DTP: Alexandra Finke, Lemgo
Herstellung: Bettina Schippel
Printed in Germany by Passavia Druckservice, Passau

Die Deutsche Bibliothek – CIP Einheitsaufnahme
Ein Titeldatensatz für diese Publikation ist bei
der Deutschen Bibliothek erhältlich.

ISBN 978-3-7658-1635-2